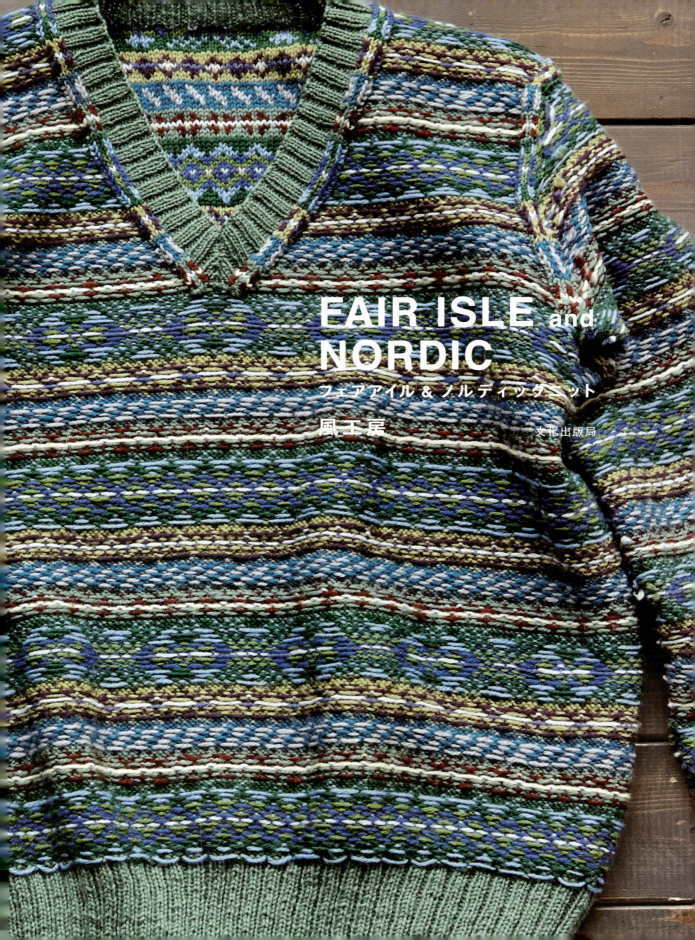

FAIR ISLE and NORDIC
フェアアイル & ノルディックニット

風工房

文化出版局

CONTENTS

A
フェアアイルベスト
p.4/5

B
フェアアイル丸ヨークカーディガン
p.6/7

C
ノルディックラグランセーター
p.8/9

D
メンズフェアアイルカーディガン
p.10/11

E
フェアアイルの帽子
p.12

F
ノルディックミトン
p.13

G
ノルディック丸ヨークカーディガン
p.14/15

H
フェアアイル＆チェック模様カーディガン
p.16/17

棒針編みを始めたころは、編むことのできた技法が表目、裏目だけだったので、できる範囲でのデザインというと、表メリヤスか裏メリヤス、ガーター編み、かのこ編み、ゴム編みでのニットでした。色をつかうことは当時から好きだったので、ストライプや色の切替えのニットもよく編みました。'70年代初期、「装苑」や「服装」といったファッション雑誌にカラフルでかわいいニットが載っていて、いつか編みたいと思っていたのですが、編み方がわからず。手編み機の広告を見て、編み機を使えば誰にでも編込みが簡単に編めると思い、編み機を購入して2作めか3作めで多色編込みのセーターを作りました。実は、手編み機を使いこなすのは、思っていたほど簡単ではなく、編んだ編み地はあちこち目が落ちていて、きれいではなかったのですが、気に入って着ていました。そのうちに仕事で手編みが中心になり、たくさん編込みを編むうちに、糸の引き方も均等になっていき、今では手軽に始められる手編みの編込みは、大好きな技法になりました。

風工房

I
フェアアイル V ネックセーター
p.18/19

J
フェアアイルショール
p.20/21

K
メンズノルディックセーター
p.22

L
ノルディックカシミヤマフラー
p.23

M
バンド柄のフェアアイルセーター
p.24/25

N
メンズフェアアイルベスト
p.26/27

O
ノルディック丸ヨークセーター
p.28

P
フェアアイルハンドウォーマー
p.29

Q
ノルディックカーディガンジャケット
p.30/31

R
ノルディックの帽子
p.32

S
メンズフェアアイル手袋
p.33

フェアアイル模様と
ノルディック模様について
p.35

スティークの編み方
p.36/37

編み方
p.38

基礎テクニック
p.100

A
フェアアイルベスト

スティークを使って、輪編みで表側を見て編んだフェアアイル模様のベストです。マイルドラナはシェトランドヤーンほどからみ合いませんが、切ってもほどけてくる心配もありません。表を見て模様を編むので、多色づかいでも編みやすいです。

糸／リッチモア マイルドラナ
編み方／**38**ページ

B

フェアアイル丸ヨークカーディガン

杢のベージュをメインに丸ヨークに華やかなフェアアイル模様を入れたカーディガン。チェーンや花、ダイヤの模様など、ローズ系やワインなどにミントをつかって何重にも首飾りのように配置しました。

糸／リッチモア パーセント
編み方／**54**ページ

C
ノルディック ラグランセーター

スウェーデンのゴットランド島に伝わる模様をメインに、裾と袖口には小さな模様を配置したラグランのセーター。杢の薄いグレーにきれいなブルーがきりりとした色合いです。裾と袖口のネイビーが全体を引き締めています。

糸／リッチモア パーセント
編み方／**49** ページ

D
メンズフェアアイル カーディガン

フェアアイル模様は一般的には大きな模様と小さな模様の繰返しが多いのですが、多色の編込みと理解して、小さな模様の繰返しのボーダーを15色づかいで編みました。袖と後ろ身頃はモスグリーンで引き締めた、すっきりとしたメンズのカーディガンです。

糸／リッチモア パーセント
編み方／**58**ページ

E
フェアアイルの帽子

鮮やかなロイヤルブルーをアクセントカラーに、ベージュにワイン、薄赤紫、アンバーなどの色で花、ダイヤ、クロス模様を入れた帽子です。減らすのは、模様と模様の間なので、輪編みの練習にもぴったり。

糸／リッチモア パーセント
編み方／**62**ページ

F
ノルディックミトン

スウェーデンのダーラナ地方と、ハッランド地方に伝わる模様を組み合わせて、カシミヤのブルーとライトグレーで編んだミトンです。伝統的な配色は赤に黒などですが、色を替えると現代的になります。

糸／リッチモア カシミヤ
編み方／**64**ページ

G
ノルディック丸ヨークカーディガン

ノルディックセーターでよく見かけるエイトスターを丸ヨークに使い、点（Louse）の模様を身頃と袖に入れたカーディガン。フォレストグリーンにライトグレーの配色。丸ヨークですが、大人の女性に似合う色合いです。

糸／リッチモア スペクトルモデム
編み方／**66**ページ

H

フェアアイル＆チェック模様カーディガン

前身頃と袖口にフェアアイル模様、後ろ身頃はボーダーに引抜き編みでチェックの模様にしたカーディガンです。淡茶をメインにピンクベージュ、ブルーグリーン、ワインレッド、水色、黄緑などの配色。レモン色と赤紫がアクセントに効いています。

糸／リッチモア パーセント
編み方／**70**ページ

I

フェアアイル
Vネックセーター

緑、ブルー、カーキ、紫、ワイン、黄緑、インクブルー、グレーなど寒色系の色で輪に編んだVネックセーター。**A**のベストと同じ糸のマイルドラナなので、スティークで編めます。裏側の渡り糸も美しいので、編み上がると感動します。

糸／リッチモア マイルドラナ
編み方／**46**ページ

J
フェアアイルショール

メインカラーは **B** と同じ杢のベージュですが、配色に黄緑、からし色、茶色などを入れたので、色の印象ががらりと変わります。同じ色をつかっても模様の入れ方で違う色に見えるのもフェアアイルの楽しいところ。まっすぐに編んで縁を編み、ショール風に、幅広マフラーにと着こなしも自由に。

糸／リッチモア パーセント
編み方／**78** ページ

K

メンズノルディック セーター

ノルディック模様の代表とも言える、XO柄の連続模様、セテスダールコフタのアレンジ。古いノルディックニットのコレクター、アンネモア・スンドボーさんの本の中に載っていた模様を糸の太さに合わせて少し変えています。深いグレーにターコイズブルーがアクセントのメンズセーターです。

糸／リッチモア スペクトルモデム
編み方／**75** ページ

L
ノルディック カシミヤマフラー

うっとりする肌触りのカシミヤで、ノルディック模様のマフラーを作りました。2目ゴム編みの編込み模様に、雪柄はスウェーデンのダーラナ地方の模様から、間のボーダーにアクセントのラインを入れて輪に編みます。前で結ぶと雪柄とボーダーの両方の模様が重なってかわいい。

糸/リッチモア カシミヤ
編み方/**80**ページ

M
バンド柄の
フェアアイルセーター

フェアアイル模様で大きな模様の間に入れる細いバンドの模様だけをたくさん並べました。100色ある色から暖色系の色をメインに、黄緑、ブルーをアクセントにしました。10配色、20色づかいですが、1つの模様は2色で編むので、見た目より編みやすいです。

糸／リッチモア パーセント
編み方／**85**ページ

N

メンズフェアアイル ベスト

Aのベストと同じフェアアイル模様のメンズベストです。メインをネイビーに、グレー系、ターコイズブルー、赤、黄色、オフホワイトなどフェアアイルらしい色を効かせました。模様の数と段数を変えていますが、編み方は**A**と同じなので、この配色でレディースサイズも作れます。

糸／リッチモア マイルドラナ
編み方／**43**ページ

o
ノルディック 丸ヨークセーター

木の模様は、ノルディック、フェアアイル共に出てきます。カシミヤのライトグレーとこげ茶でバイカラー、丸ヨークに編んだノルディックセーターにしました。裾のガーター編みをスリットにして、袖丈も7分袖にした女性らしいセーターです。

糸／リッチモア カシミヤ
編み方／**82**ページ

P

フェアアイルハンドウォーマー

北欧のプリントなどに見られるポップな色をつかったハンドウォーマー。丸とダイヤの模様を交互に入れ、ベースはポップカラー、配色はやわらかいアクアブルー、ピンクベージュ、アップルグリーンなどにしたので明るく楽しい雰囲気になりました。

糸／リッチモア パーセント
編み方／**90**ページ

Q

ノルディック
カーディガンジャケット

ノルディックのイメージの色と模様で、へちま衿、ラグラン袖のジャケットを作りました。袖口のゴム編みは折返しをつけ、ジャケットらしくポケットも作ります。衿から前立てへと2目ゴム編みで縦に編み、後でとじつけます。

糸／リッチモア スペクトルモデム
編み方／**92**ページ

R
ノルディックの帽子

カシミヤのネイビーとライトグレーで編んだノルディックの帽子。メンズ用にデザインしましたが、女子がかぶっても似合います。ダイヤ、ジグザグ、十字の模様とトップの縦ストライプの目を立てた減し目がポイントです。軽くて肌触り抜群の暖かい帽子です。

糸／リッチモア カシミヤ
編み方／**96**ページ

S

メンズフェアアイル手袋

手の甲側に大きな模様、手のひら側に1目ずつの模様を入れたあこがれの5本指のメンズの手袋。こげ茶をメインに、鉄紺、ワイン、ミント、ゴールドなどを入れました。指は1色で編みます。

糸／リッチモア パーセント
編み方／**98**ページ

stories about
FAIR ISLE and NORDIC

フェアアイル模様と
ノルディック模様について

フェアアイルニットと呼ばれる多色の編込みのセーターや帽子などは、スコットランドの北、北海に浮かぶシェトランド諸島の1つ、フェア島が発祥です。シェトランド諸島には5千年前に人がいたあとが残っているそうです。本島、周囲の島の至る所には羊が放牧され、のんびりと牧草を食べています。フェアアイルニットの模様は○×○の幅広い模様を細かい模様で挟んでボーダーに配置するのがいちばんポピュラーです。産業革命前はプレーンな編み地の下着や靴下製品を編んでいたシェトランド本島でも、機械編みでできない、フェアアイル模様のニットを編むようになります。最初はカラードシープの毛の色の配色、草木染めの配色などでした。化学染料で染めた糸が出回り、色づかいも華やかになっていきます。1920年に英国皇太子がゴルフウェアで着用をして、フェアアイルニットはおしゃれ着として人気が出て盛んに編まれました。一時衰退をしていたフェアアイルニットですが、'70年代にフェアアイルニットのデザイナー、マーガレット・スチュワートさんが復刻に尽力をし、新しい配色の製品も作り、ロンドンのセレクトショップでも売られるようになりました。シェトランド博物館には19世紀のニットも保存され、研究が続いています。

ノルディックニットも2色で編まれた編込みのセーターなどですが、フェアアイルとの違いは、黒×生成り、黒×赤、紺×生成りなど明快な2色づかいが多く、多くても3色ぐらいです。

ノルウェーにはセルブの星と呼ばれる手袋やミトンの模様、冬季オリンピックのユニフォームにも使われたセテスダールコフタという世界的に知られる模様があります。特にセテスダールコフタはスキーセーターとして、'50年代に大流行しました。

スウェーデンには17世紀中ごろに編み物が始められた記録があるそうです。編み物はスウェーデンの南からとノルウェー経由で北からと両方から伝わりました。それぞれの地方に特徴のある模様が伝わっていますが、手編みのものは民俗衣装や日常着だったので、保存状態のよいものは少なく、テキスタイル＆ニットデザイナーのブリット・マリー・クリストッフェションさんは模様を記録として残し、次世代に伝える努力をしています。

スティークの編み方

※p.4Aのフェアアイルベストを例に、スティークの編み方を解説します。

■ スティークを作る

1 脇まで編んだところ。

2 両脇1目ずつに糸印をつけておく。編んできた糸を切り、左脇から脇の1目、前身頃の7目、逆方向に後ろ身頃の7目の15目を別糸に通す。

3 1段め。糸端を輪にし、針にかける。袖ぐりのスティークの作り目1目めになる。

4 巻き目で針に6目糸をかける。針には7目作り目ができる。

5 続けて前身頃中央の1目手前まで編み進み、前中央の1目を別糸に移して休ませる。

6 巻き目で14目を針にかけ、前衿ぐりのスティークの作り目をする。

7 続けて編み進み、右脇も前身頃7目、右脇1目、後ろ身頃7目の計15目を別糸に通す。巻き目で14目袖ぐりのスティークの作り目をし、後ろ身頃を編み進む。左脇まで編めたら7目作り目をする。1段めが編めたところ。

8 2段め。配色、地色の順に交互に7目編む。続けて記号図通りに模様を編み進む。

9 前中央の7目まで編んだら配色と地糸の順番を変え、7目編む。続けて右脇も同じ要領で編み進む。

10 左脇まで編んだら配色、地色の順に7目編む。

11 3段め。スティークの7目めと左脇の編始めを右上2目一度に編み、袖ぐりの減目をする。

12 前中央まで編んだらスティークの両端は対称になるように2目一度に編む。袖ぐりと衿ぐりの減目は同じ要領でスティークと2目一度に編む。

13 肩まで編んだら裏返して左袖ぐりのスティーク7目ずつ、左肩、前後衿ぐりのスティーク14目ずつを引抜きはぎではぎ、同様に右肩もはぐ。

■ スティークをカットする

1 左袖ぐりのスティークをカットする。裏側から指を入れ、同じ色の境目を切る。

■ 目を拾ってゴム編みを編む

2 途中まで切ったところ。肩まで切る。

3 左袖ぐりを切り開いたところ。同じ要領で前後中央、右袖ぐりを切り開く。

4 前後衿あき、右袖ぐりも切り開いたところ。

1 1号の針に脇の休めておいた15目を拾い、左に8目、右に7目に分ける。

2 糸をつけ、1で分けた左の8目を編み、続けて身頃とスティークの境目の糸を拾って編む。

3 減目の部分は2目一度に重なっている下側の目を拾って編む。

4 スティークの境目を毎段拾って編む。

5 1段めが編めた。

■ スティークの始末をする

6 続けて2目ゴム編みを編む。

7 最終段はかぎ針に替え、表目は表目、裏目は裏目で引き抜く。写真は表目。

8 裏目の部分は裏目で引き抜く。

1 スティークの端の2目を切り落とし、2目を内側に折り込んで巻きかがりで毎段かがる。

■ 2色でスティークの作り目をする
※p.26Nのメンズフェアアイルベストを例に解説します。

2 左袖ぐりをかがったところ。

3 同様にして、衿ぐり、右袖ぐりもかがったところ。

1 配色糸（オフホワイト）で輪の作り目で1目、地糸（ブルーグレー）で同様に1目針にかけ、交互に巻き目で5目作る。

2 続けて1周し、編終りにスティーク7目を編む。このとき、脇で配色糸が続くように色を反転させて編む。

A
フェアアイルベスト
p.4/5

糸 リッチモア マイルドラナ
ベージュ(30)60g ブルー(17)35g グレイッシュグリーン(70)26g 茶色(35)24g
ブルーグリーン(40)16g 黄色(10)15g オレンジ色(72)、クリーム色(44)各12g
アップルグリーン(71)9g インクブルー(57)8g 濃赤(24)3g
針 3号、1号4本棒針(または輪針) 2/0号かぎ針
ゲージ メリヤス編みの編込み模様 33目35段が10cm四方
サイズ 胸囲92cm 着丈58.5cm 背肩幅33cm
編み方 糸は1本どりで、指定以外はベージュで編みます。
前後身頃は指に糸をかけて目を作る方法で作り目をして輪にし、2目ゴム編みを編みます。3号針に替え、指定の目数に増し目をし、メリヤス編みの編込み模様で110段編み、糸を切ります。左脇から袖ぐりと衿ぐりのスティークを作り目し(p.36参照)、後ろ衿ぐりもスティークを作り目して続けて肩まで輪に編みます。肩とスティークを続けて引抜きはぎにし、前後衿ぐり、袖ぐりのスティークを7目ずつにカットします。衿ぐり、袖ぐりは身頃とスティークの間から拾い目をして2目ゴム編みを編み、編終りはかぎ針を使う方法で伏止めにします。スティークは端2目を切り落とし、2目を内側に折り込んで巻きかがりします(p.37参照)。

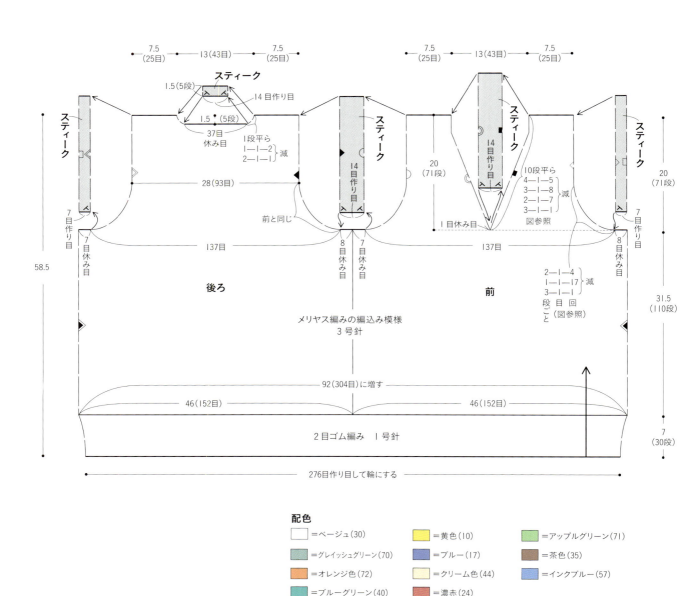

メリヤス編みの編込み模様図案

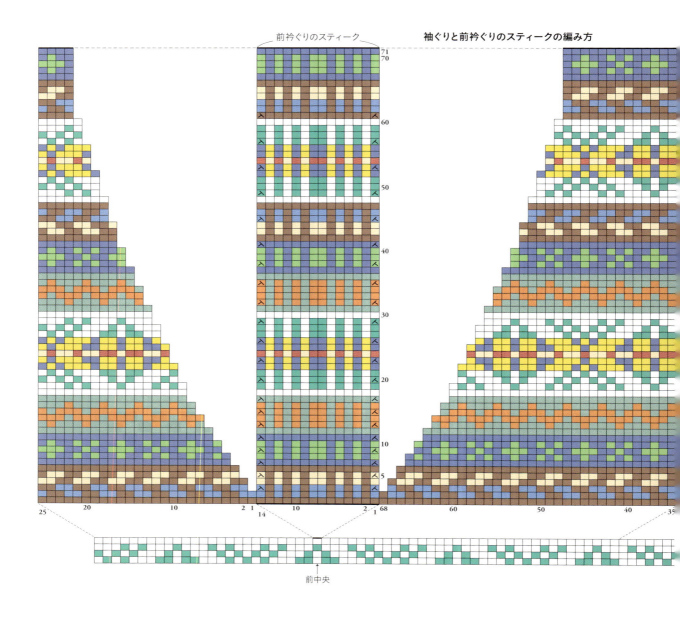

袖ぐりと前衿ぐりのスティークの編み方

後ろ衿ぐりのスティークの編み方

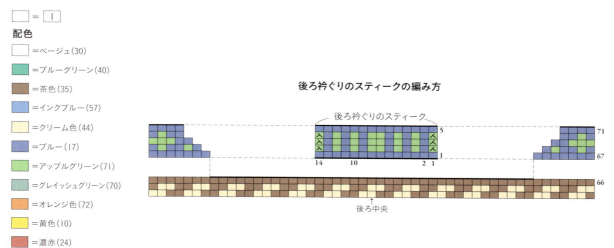

配色

- □ =ベージュ(30)
- ■ =ブルーグリーン(40)
- ■ =茶色(35)
- ■ =インクブルー(57)
- ■ =クリーム色(44)
- ■ =ブルー(17)
- ■ =アップルグリーン(71)
- ■ =グレイッシュグリーン(70)
- ■ =オレンジ色(72)
- ■ =黄色(10)
- ■ =濃赤(24)

スティークのカット位置

スティークの始末

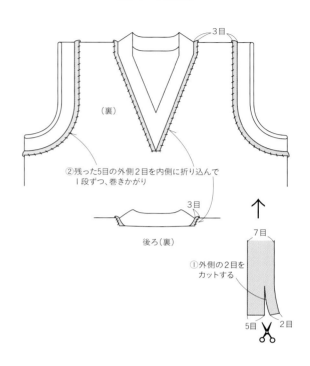

衿ぐり、袖ぐり
2目ゴム編み　1号針
p.37『目を拾ってゴム編みを編む』参照

衿ぐりの減し方

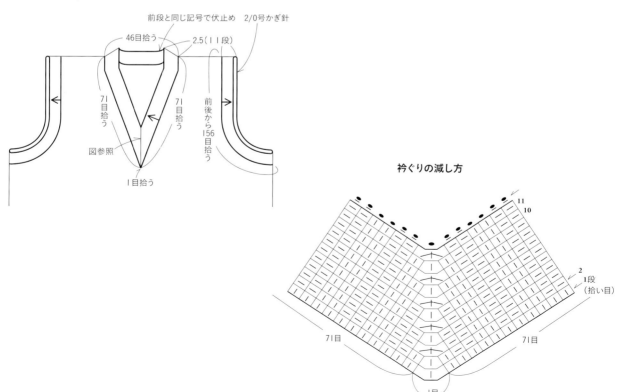

N
メンズフェアアイルベスト
p.26/27

糸 リッチモア マイルドラナ
ネイビー(19)85g ロイヤルブルー(16)34g ターコイズブルー(15)30g チャコールグレー(65)27g 黄色(10)19g ブルーグレー(66)18g シルバーグレー(31)17g 赤(25)15g オフホワイト(2)12g 水色(7)、黄緑(12)各9g

針 3号、1号4本棒針(または輪針) 2/0号かぎ針
ゲージ メリヤス編みの編込み模様 33目35段が10cm四方
サイズ 胸囲102cm 着丈63.5cm 背肩幅38cm
編み方 糸は1本どりで、指定以外はネイビーで編みます。
前後身頃は指に糸をかけて目を作る方法で作り目をして輪にし、2目ゴム編みを編みます。3号針に替え、指定の目数に増し目をし、メリヤス編みの編込み模様で112段編み、糸を切ります。左脇から袖ぐりと衿ぐりのスティークを作り目し(p.36参照)、後ろ衿ぐりもスティークを作り目して続けて肩まで輪に編みます。肩とスティークを続けて引抜きはぎにし、前後衿ぐり、袖ぐりのスティークを7目ずつにカットします。衿ぐり、袖ぐりは身頃とスティークの間から拾い目をして2目ゴム編みを編み、編終りはかぎ針を使う方法で伏止めにします。スティークは端2目を切り落とし、2目を内側に折り込んで巻きかがりします(p.37参照)。

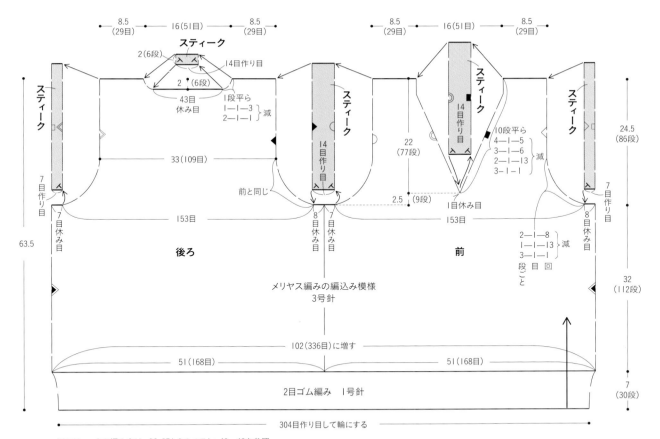

※スティークの編み方はp.36、37とAのベストp.40～42を参照

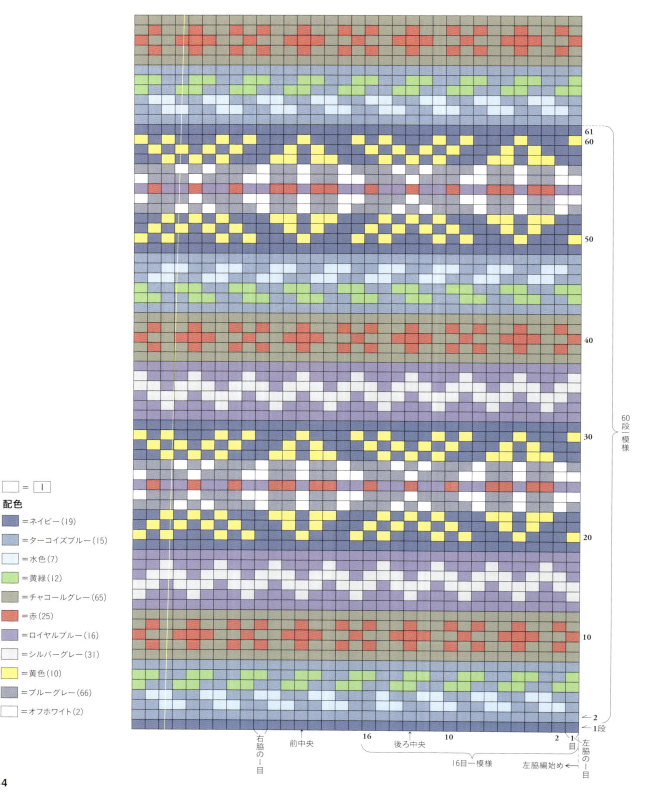

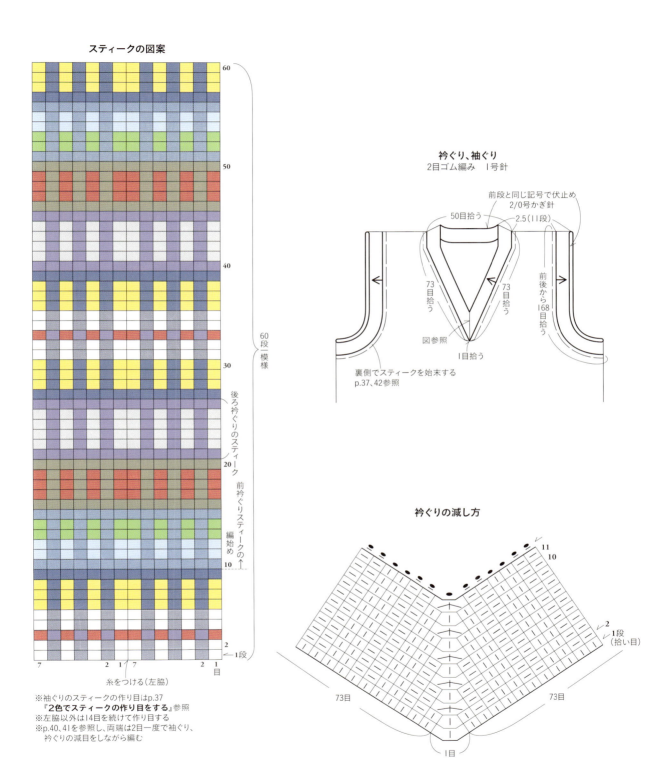

I

**フェアアイル
Vネックセーター**
p.18/19

糸 リッチモア マイルドラナ
グレイッシュグリーン（70）78g　グリーン（77）52g　カーキ（75）35g　ターコイズブルー（15）34g　インクブルー（57）30g　黄緑（12）28g　ロイヤルブルー（16）25g　えんじ（23）21g　グレー（32）18g　水色（7）、紫（50）各17g　青紫（55）12g　クリーム色（44）4g

針 3号、1号4本棒針（または輪針）　2/0号かぎ針

ゲージ メリヤス編みの編込み模様　33目35段が10cm四方

サイズ 胸囲94cm　着丈59.5cm　背肩幅34cm　袖丈56cm

編み方 糸は1本どりで、指定以外はグレイッシュグリーンで編みます。
前後身頃は指に糸をかけて目を作る方法で作り目をして輪にし、2目ゴム編みを編みます。続けて3号針に替え、指定の目数に増し目をし、メリヤス編みの編込み模様で116段編み、糸を切ります。左脇から袖ぐりと衿ぐりのスティークを作り目し（p.36参照）、後ろ衿ぐりもスティークを作り目して続けて肩まで輪に編みます。袖は同様に作り目をして輪にし、2目ゴム編み、メリヤス編みの編込み模様で袖下は輪に編み、袖山の35段は毎段糸をつけて表を見ながら編みます。肩とスティークを続けて引抜きはぎにし、前後衿ぐり、袖ぐりのスティークを7目ずつにカットします。衿ぐりは身頃とスティークの間から拾い目をして2目ゴム編みを編み、編終りはかぎ針を使う方法で伏止めにします。袖をすくいとじと目と段のはぎでつけます。スティークは端2目を切り落とし、2目を内側に折り込んで巻きかがりします（p.37参照）。

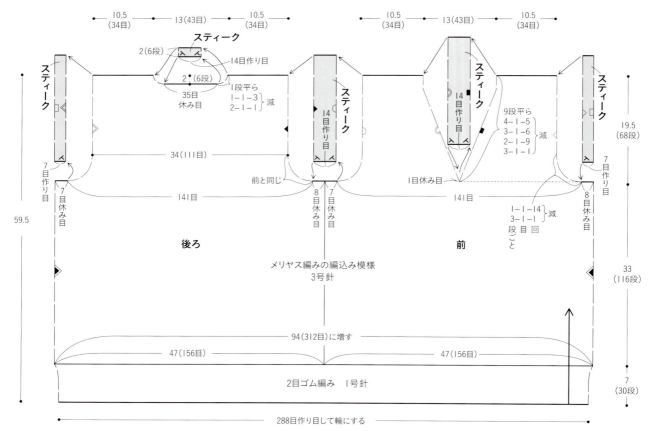

※スティークの編み方は、p.36・37とAのベストのp.40〜42を参照

配色

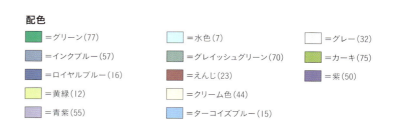

メリヤス編みの編込み模様図案

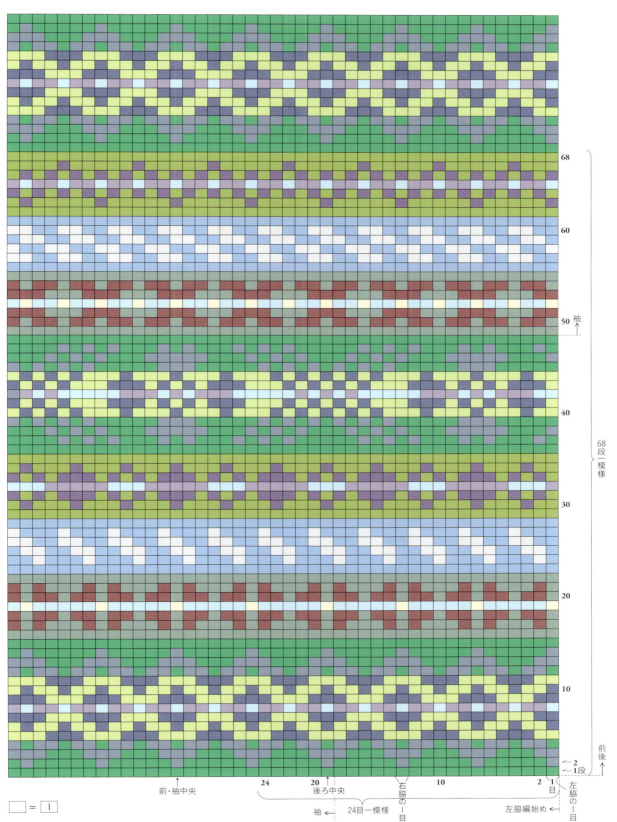

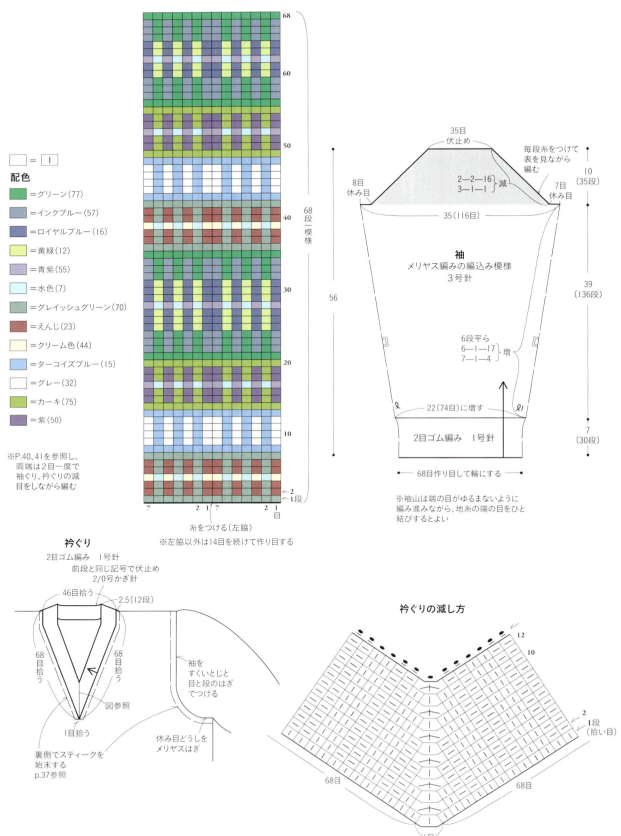

C

ノルディック ラグランセーター

p.8/9

糸 リッチモア パーセント
ライトグレー(121)240g　ブルー(110)105g　ネイビー(47)85g

針 6号、5号、4号玉付2本棒針　4号4本棒針　3/0号かぎ針

ゲージ メリヤス編みの編込み模様A、B　26目28段が10cm四方
　　　　メリヤス編み　26目32段が10cm四方

サイズ 胸囲94cm　着丈61cm　ゆき丈77cm

編み方 糸は1本どりで、指定の配色で編みます。
前後身頃、袖はそれぞれ指に糸をかけて目を作る方法で作り目をし、1目ゴム編み、メリヤス編みの編込み模様Aで編みます。続けて前後身頃はメリヤス編みの編込み模様B、袖はメリヤス編みで編みます。ラグラン線をすくいとじにし、衿ぐりから拾い目をして1目ゴム編みを輪に編み、編終りはかぎ針を使う方法で伏止めをします。脇、袖下をすくいとじにし、伏せ目の部分をメリヤスはぎにします。

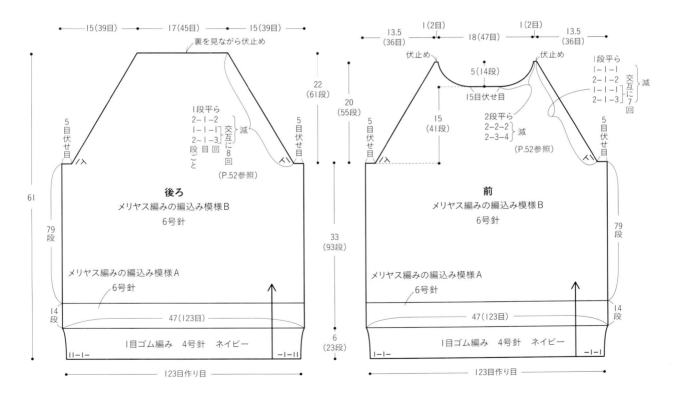

メリヤス編みの編込み模様A図案

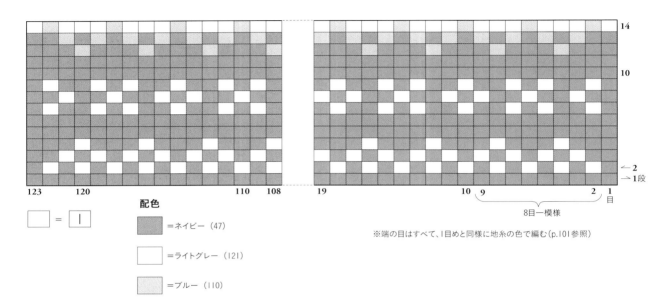

配色
- =ネイビー（47）
- =ライトグレー（121）
- =ブルー（110）

※端の目はすべて、1目めと同様に地糸の色で編む（p.101参照）

メリヤス編みの編込み模様B図案

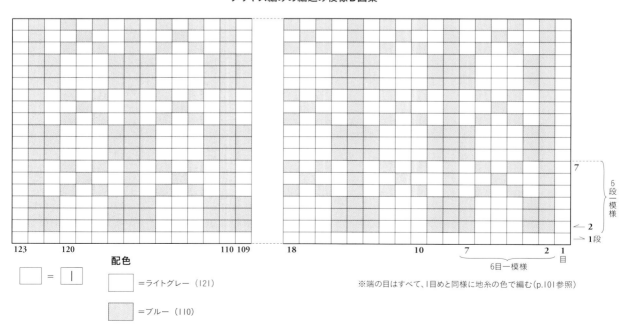

配色
- =ライトグレー（121）
- =ブルー（110）

※端の目はすべて、1目めと同様に地糸の色で編む（p.101参照）

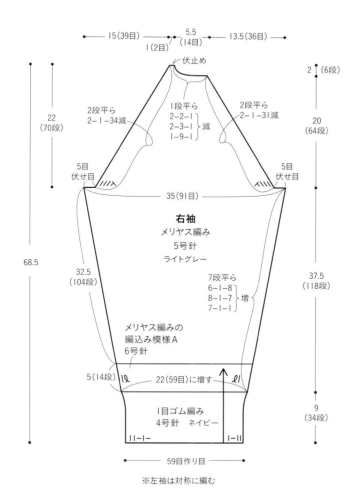

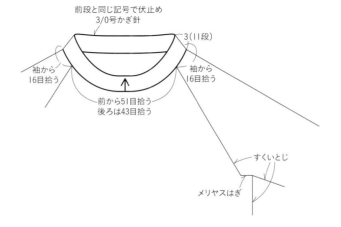

前衿ぐりの編み方

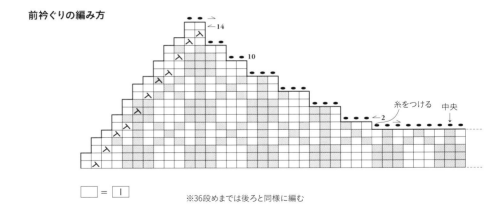

□ = | |

※36段めまでは後ろと同様に編む

後ろラグラン線の編み方

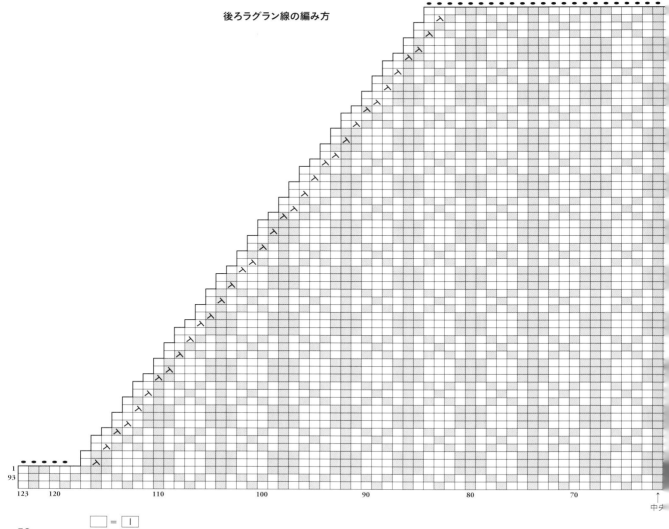

□ = | |

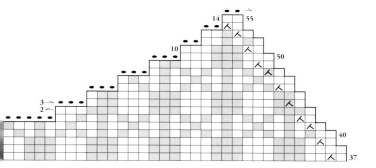

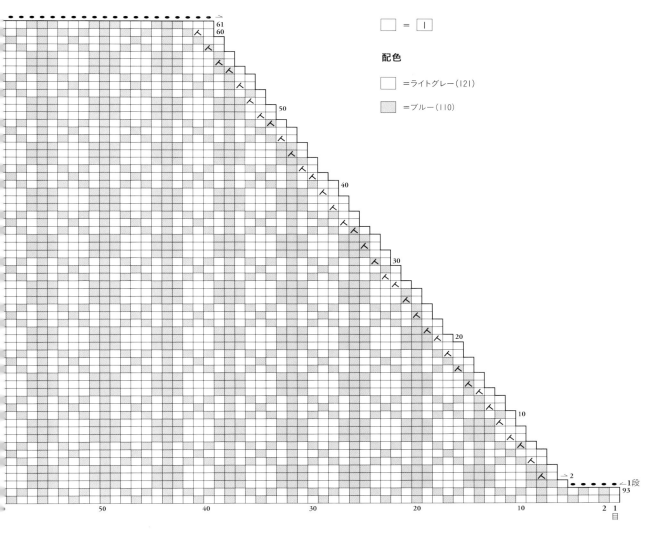

配色

□ = ライトグレー(121)

▨ = ブルー(110)

B

フェアアイル丸ヨーク カーディガン

p.6/7

糸 リッチモア パーセント
灰ベージュ(124) 360g　ミント(23) 20g　紫(50)、赤紫(61)、クリーム色(3) 各8g
ワインレッド(63) 6g　ブルーグリーン(25) 5g　からし色(14)、水色(40)、アップルグリーン(16)、れんが色(87) 各少々

針 4号、2号玉付2本棒針　5号80cm輪針（往復に編む）　3/0号かぎ針

付属品 直径2cmのボタン8個

ゲージ メリヤス編み 26目32段が10cm四方
メリヤス編みの編込み模様　26目28段が10cm四方

サイズ 胸囲93.5cm　着丈58.5cm　ゆき丈72cm

編み方 糸は1本どりで、指定以外は灰ベージュで編みます。
前後身頃、袖はそれぞれ指に糸をかけて目を作る方法で作り目をし、1目ゴム編み、メリヤス編みを編みます。後ろ身頃と袖の☆印部分を目と段のはぎでつけます。ヨークを拾い目し、メリヤス編みの編込み模様で全体で減らしながら編みます。続けて衿ぐりを1目ゴム編みで編み、編終りはかぎ針を使う方法で伏止めをします。前立ては前端から拾い目をし、1目ゴム編みで編みますが、右前にはボタン穴をあけながら編みます。脇、袖下をすくいとじにし、伏せ目の部分をメリヤスはぎにします。ボタンをつけます。

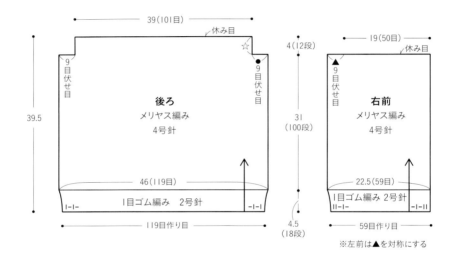

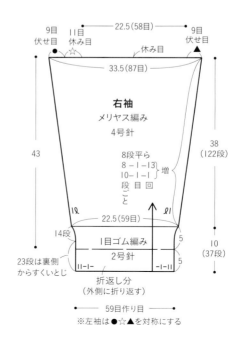

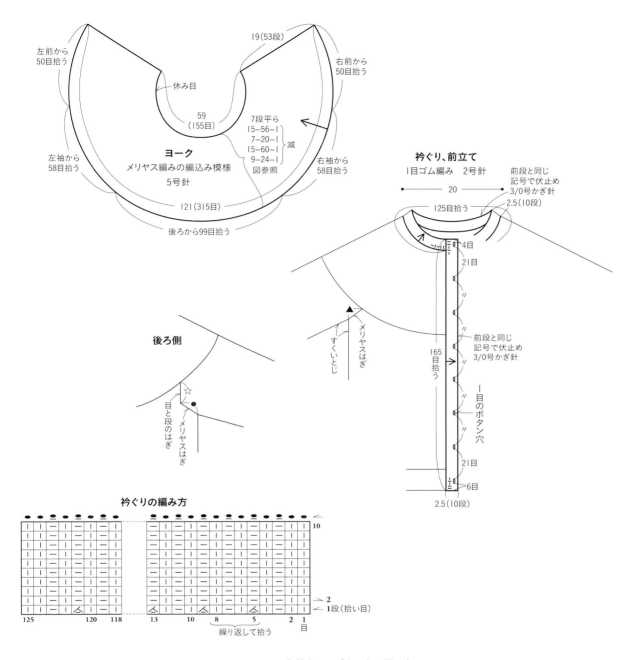

衿ぐりの編み方

右前立てのボタン穴の編み方
※左前立てはボタン穴を作らずに1目ゴム編みを編む

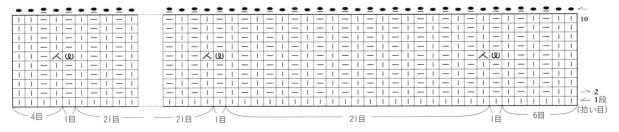

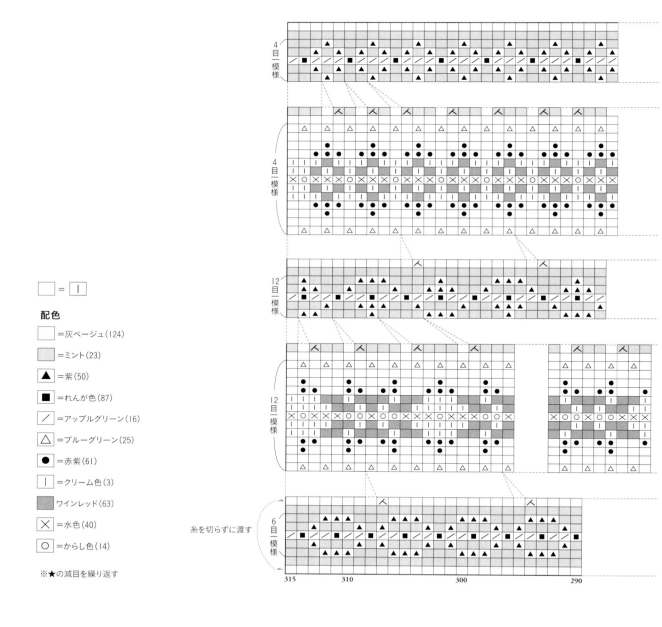

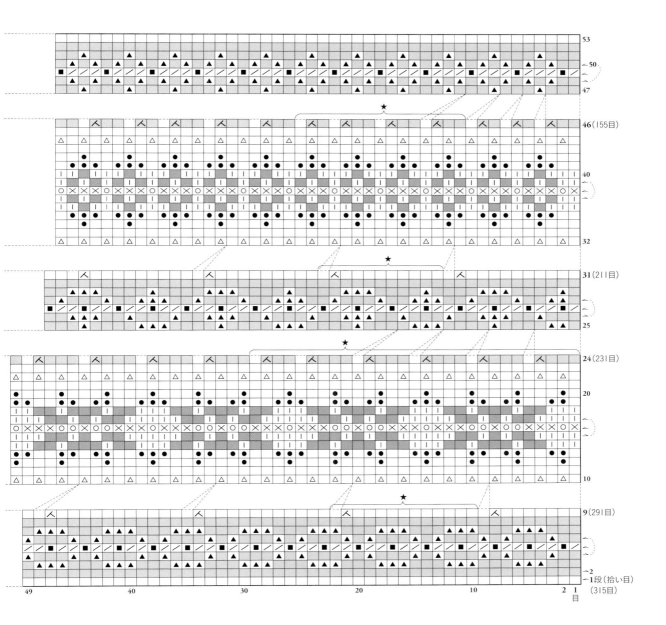

D
メンズフェアアイル カーディガン
p.10/11

糸 リッチモア パーセント
モスグリーン(29)420g ブルーグレー(44)、オリーブグリーン(104)、茶色(88)、アイボリー(105)各15g ブルーグリーン(25)、ミント(23)、水色(40)、キャメル(116)、こげ茶(89)各10g アップルグリーン(16)、柿色(118)、ロイヤルブルー(43)、からし色(14)、れんが色(87)各5g

針 4号、3号玉付2本棒針 5号4本棒針 3号80cm輪針（往復に編む） 3/0号かぎ針

付属品 直径2cmのボタン6個

ゲージ メリヤス編み 24目32段が10cm四方
メリヤス編みの編込み模様 25目27段が10cm四方

サイズ 胸囲111.5cm 着丈68cm 背肩幅43cm 袖丈62.5cm

編み方 糸は1本どりで、編込み以外はモスグリーンで編みます。前後身頃、袖はそれぞれ指に糸をかけて目を作る方法で作り目をして2目ゴム編みを編み、増し目をし、後ろ身頃、袖はメリヤス編み、前身頃はメリヤス編みの編込み模様で編みますが、前身頃はポケットあきに別糸を編み込みます。前身頃の肩は最終段で2目減らし、編終りの糸でメリヤスはぎにします。ポケットあきの別糸をほどいて拾い目をし、ポケット口（編終りはかぎ針を使う方法で伏止め）とポケット裏を編んでとじつけます。前立て、衿ぐりは拾い目をし、ボタン穴をあけながら2目ゴム編みを編み、編終りはかぎ針を使う方法で前段と同じ記号で伏止めをします。脇、袖下をすくいとじにし、袖を引抜きとじでつけます。ボタンをつけます。

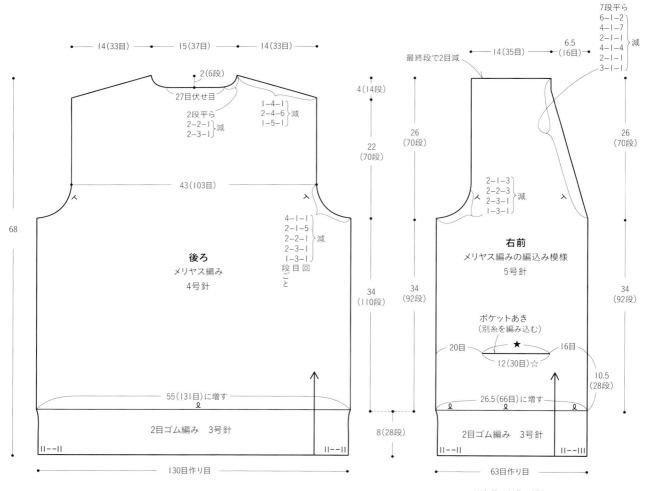

※左前は対称に編む

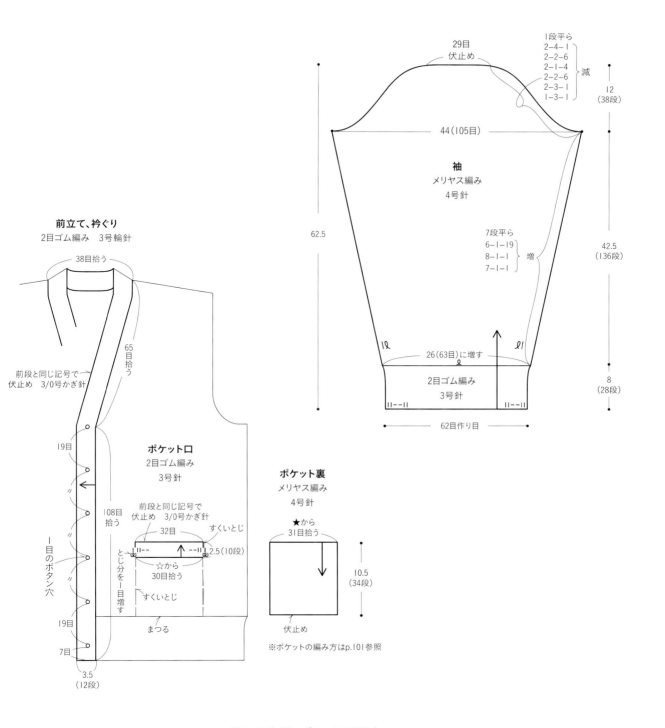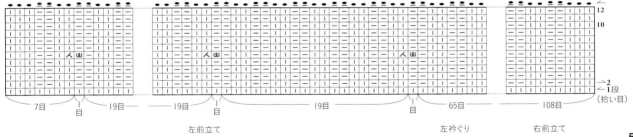

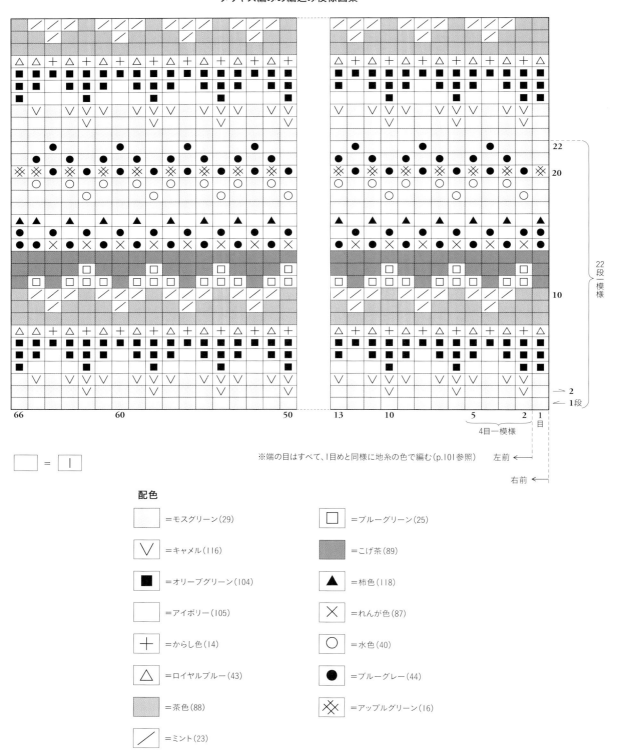

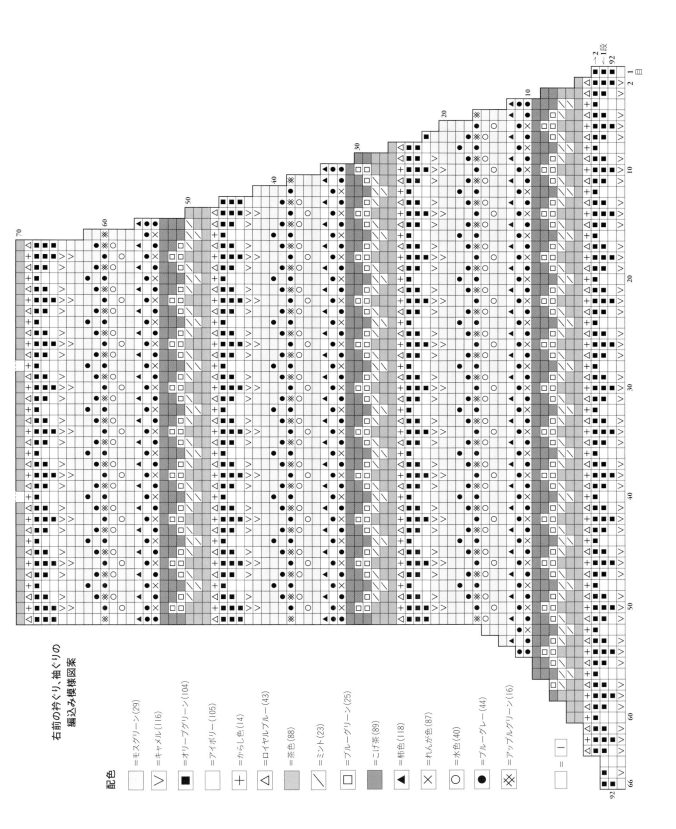

E

フェアアイルの帽子
p.12

糸 リッチモア パーセント
ロイヤルブルー(43)40g ライトベージュ(123)15g 濃紫(62)10g アップルグリーン(16)、アイボリー(105)、薄赤紫(60)各5g オフホワイト(2)、オレンジ色(86)各少々
針 5号、3号4本棒針
ゲージ メリヤス編みの編込み模様 27目28段が10cm四方
サイズ 頭回り52cm 深さ23.5cm
編み方 糸は1本どりで、指定の配色で編みます。
指に糸をかけて目を作る方法で140目作り目をして輪にし、2目ゴム編みを43段編みます。編み地をひっくり返して編み方向を逆にし、表側を見ながらメリヤス編みの編込み模様で29段編み、トップを図のように減らします。残った14目に糸を通して絞ります。

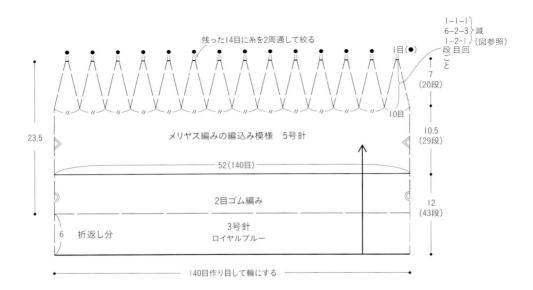

配色
- =ロイヤルブルー(43)
- / =ライトベージュ(123)
- ● =濃紫(62)
- □ =アイボリー(105)
- ◎ =薄赤紫(60)
- ▼ =オレンジ色(86)
- ・ =オフホワイト(2)
- × =アップルグリーン(16)

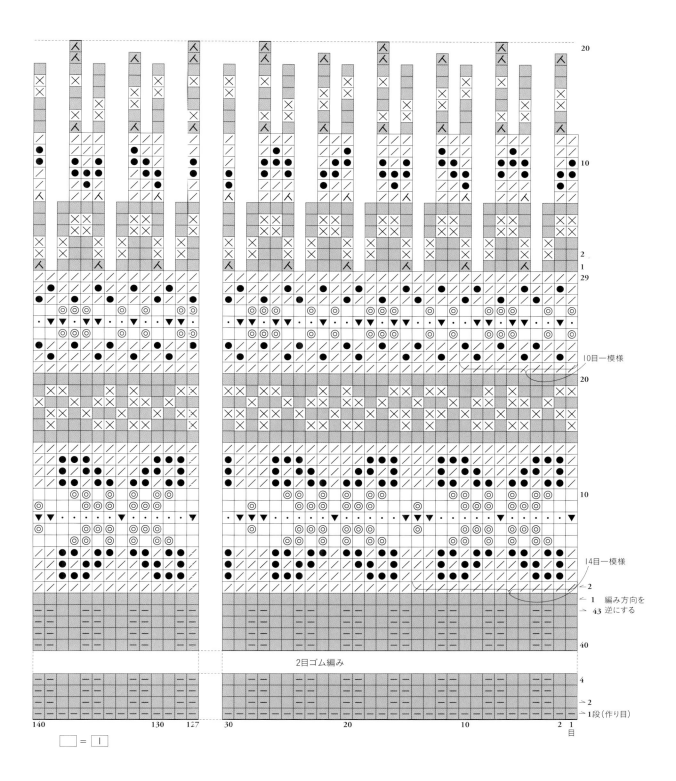

F
ノルディックミトン
p.13

糸 リッチモア カシミヤ
ブルー(117)25g ライトグレー(106)20g
針 3号、2号4本棒針
ゲージ メリヤス編みの編込み模様 31目33段が10cm四方
サイズ 手のひら回り19cm 丈26cm
編み方 糸は1本どりで、指定の配色で編みます。
左手を編みます。指に糸をかけて目を作る方法で60目作り目をして輪にし、2目ゴム編みを編みます。続けてメリヤス編みの編込み模様で編みますが、親指穴には別糸を編み込みます。指先を図のように減らし、残った4目に糸を通して絞ります。親指は別糸を抜いて目を輪に拾い、メリヤス編みで図のように編んで残った7目に糸を通して絞ります。右手は対称の位置に親指穴を作り、同様に編みます。

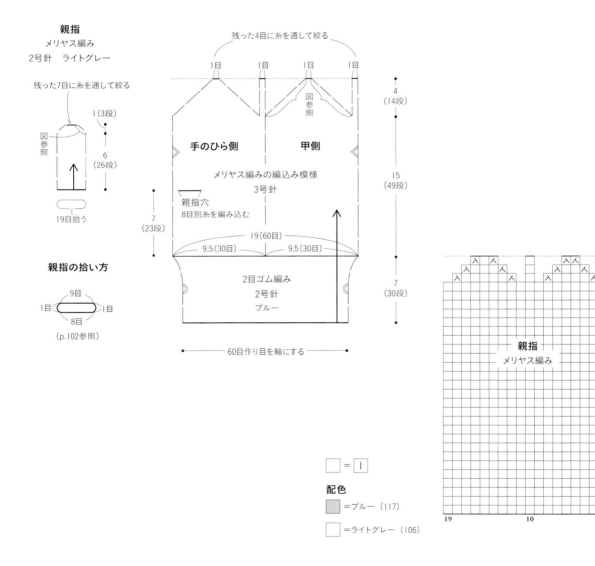

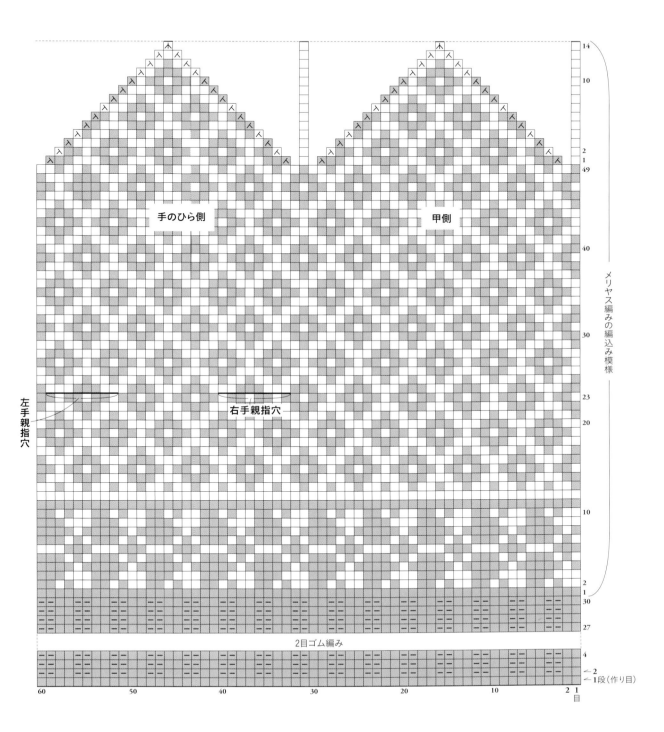

G

**ノルディック丸ヨーク
カーディガン**

p.14/15

糸　リッチモア スペクトルモデム
　　フォレストグリーン（43）440g　ライトグレー（50）95g
針　8号、7号、5号、4号玉付2本棒針　8号80㎝輪針（往復に編む）　4/0号かぎ針
付属品　直径2㎝のボタン8個
ゲージ　メリヤス編みの編込み模様A、C　21目23段が10㎝四方
　　　　メリヤス編みの編込み模様B　21目25段が10㎝四方
サイズ　胸囲102㎝　着丈59.5㎝　ゆき丈75㎝
編み方　糸は1本どりで、指定以外はフォレストグリーンで編みます。
前後身頃、袖はそれぞれ指に糸をかけて目を作る方法で作り目をし、1目ゴム編みを編み、続けてメリヤス編みの編込み模様A、Bで編みます。後ろ身頃と袖の★印部分を目と段のはぎでつけます。ヨークを拾い目し、メリヤス編みの編込み模様Cで全体に減らしながら編みます。続けて衿ぐりを1目ゴム編みで編み、かぎ針を使う方法で前段と同じ記号で伏止めをします。前立ては前端から拾い目をし、1目ゴム編みを編みますが、右前にはボタン穴をあけながら編みます。脇、袖下をすくいとじにし、伏せ目の部分をメリヤスはぎにします。ボタンをつけます。

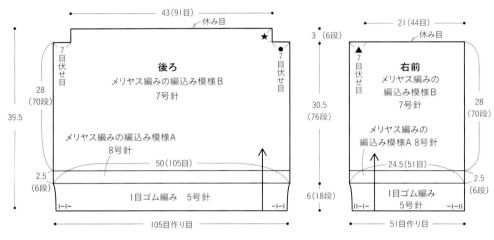

メリヤス編みの編込み模様A、B図案

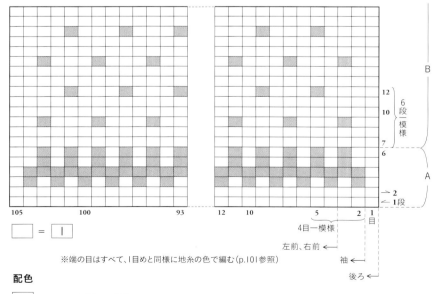

配色

□＝フォレストグリーン（43）

▨＝ライトグレー（50）

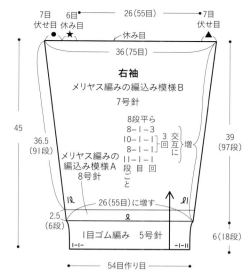

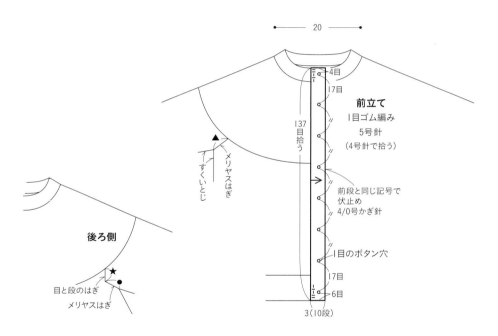

右前立てのボタン穴の編み方

※左前立てはボタン穴を作らずに1目ゴム編みを編む

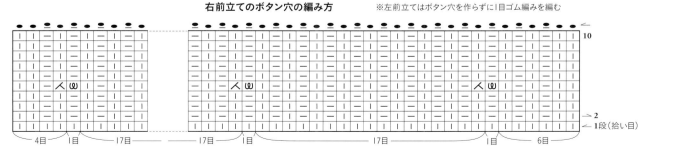

ヨークの編み方
メリヤス編みの編込み模様C

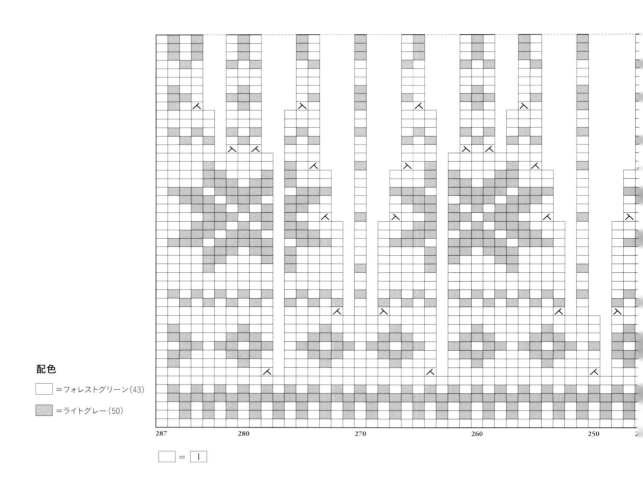

配色
□=フォレストグリーン(43)
■=ライトグレー(50)

□ = │

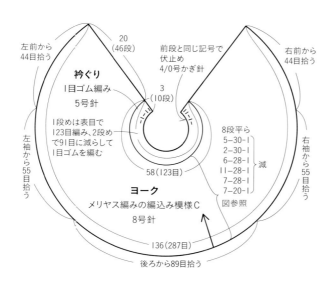

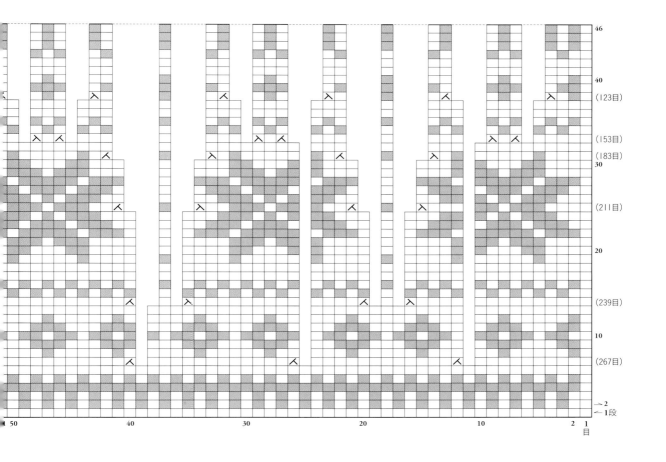

H

**フェアアイル＆チェック
模様カーディガン**
p.16/17

糸 リッチモア パーセント
淡茶（84）240g ワインレッド（63）40g ピンクベージュ（83）、ブルーグリーン（25）各30g うぐいす色（13）15g ブルー（111）、水色（40）各13g れんが色（87）12g ローズピンク（66）10g レモン色（4）3g
針 4号、3号玉付2本棒針 5号、4号4本棒針 4/0号、3/0号かぎ針
付属品 直径2cmのボタン8個
ゲージ 模様編みの編込み模様 23目35段が10cm四方
メリヤス編みの編込み模様 27目29段が10cm四方
メリヤス編み 24目33段が10cm四方
サイズ 胸囲93.5cm 着丈58cm 背肩幅35cm 袖丈57cm
編み方 糸は1本どりで、指定以外は淡茶で編みます。
前後身頃、袖はそれぞれ指に糸をかけて目を作る方法で作り目をし、1目ゴム編みで編みます。続けて後ろ身頃は模様編み、前身頃はメリヤス編みの編込み模様、袖はメリヤス編みの編込み模様とメリヤス編みで編みます。前身頃の肩は最終段で4目減らして編終りの糸でメリヤスはぎにします。衿ぐりは拾い目をして1目ゴム編みを編み、編終りはかぎ針を使う方法で伏止めをします。前立ては前端から拾い目をし、1目ゴム編みを編みますが、右前にはボタン穴をあけながら編みます。脇、袖下をすくいとじにし、袖を引抜きとじでつけます。ボタンをつけます。

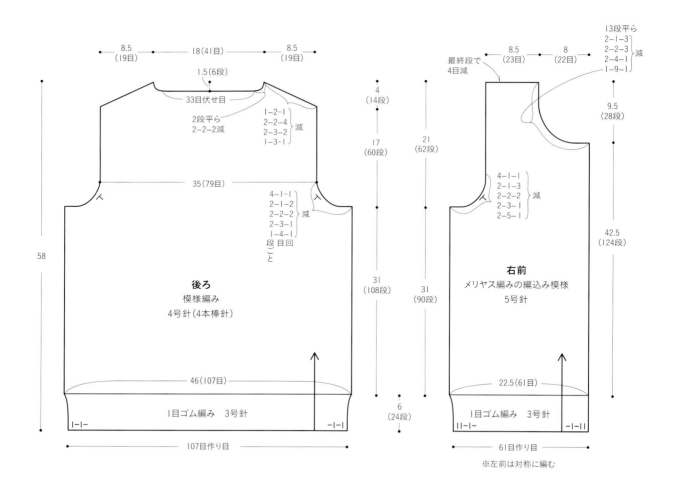

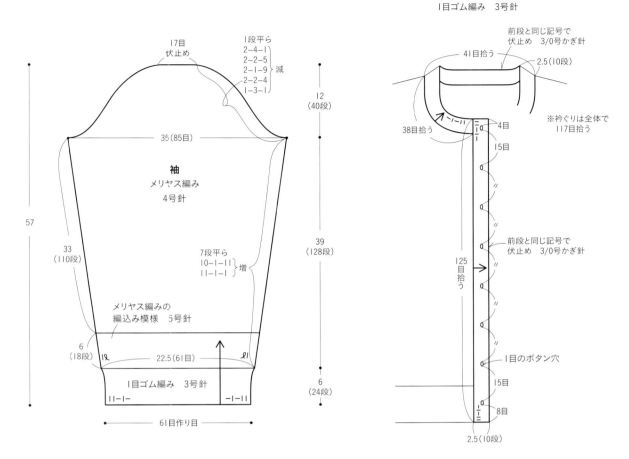

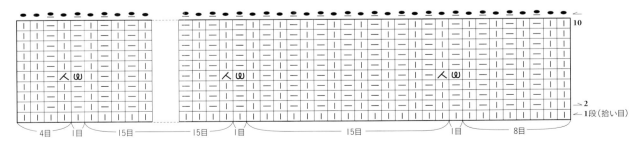

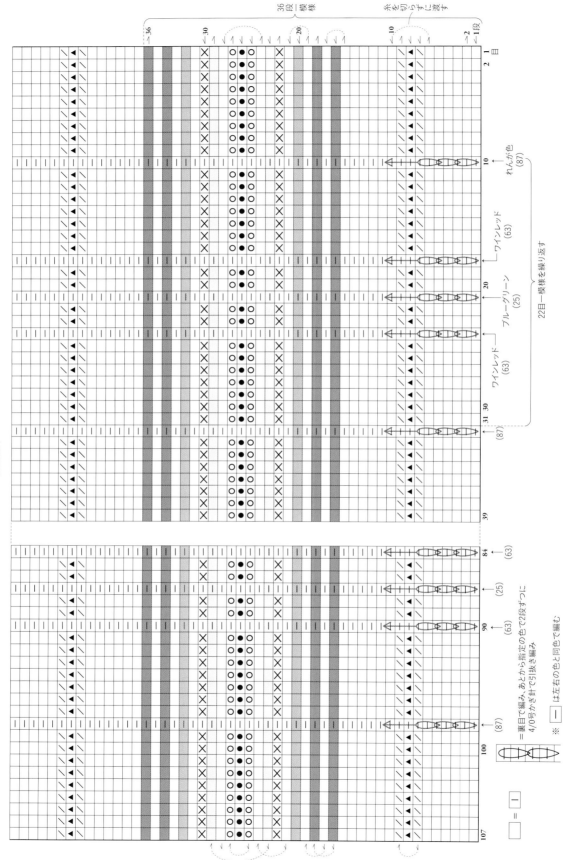

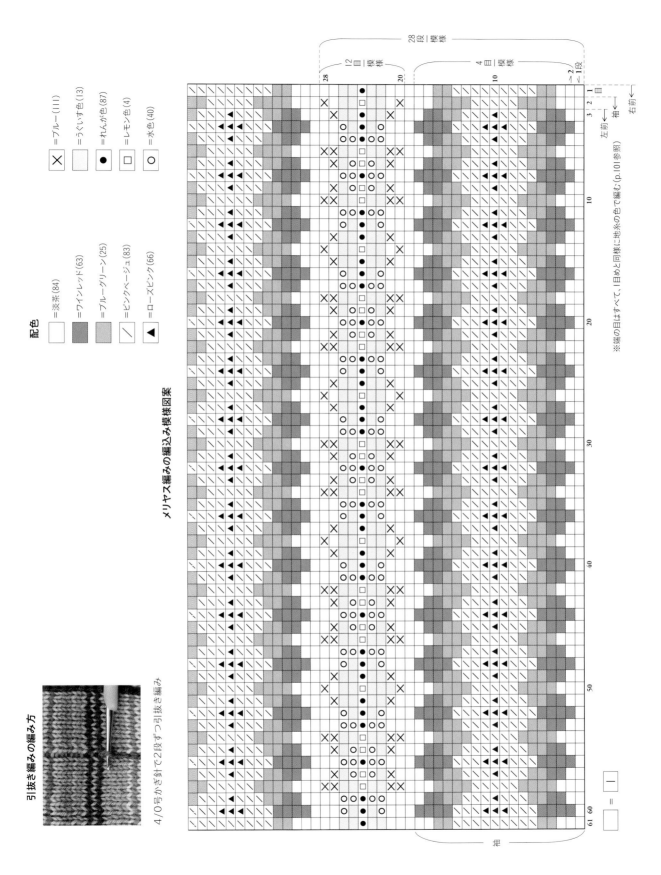

右前の袖ぐり、衿ぐりの編込み模様図案

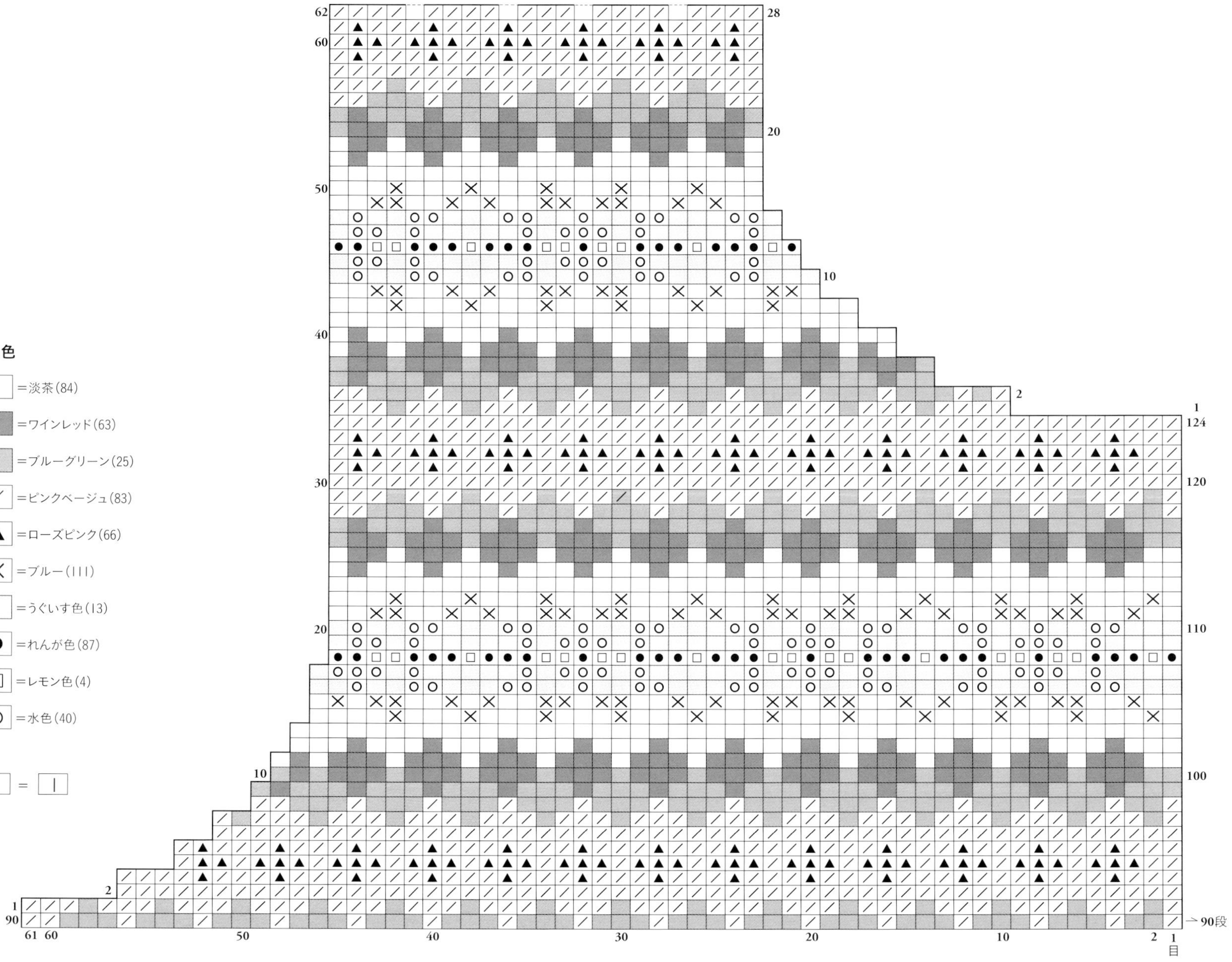

配色
- □ =淡茶 (84)
- ■ =ワインレッド (63)
- ▨ =ブルーグリーン (25)
- ╱ =ピンクベージュ (83)
- ◀ =ローズピンク (66)
- ✕ =ブルー (111)
- □ =うぐいす色 (13)
- ● =れんが色 (87)
- □ =レモン色 (4)
- ○ =水色 (40)
- □ = −

K

メンズノルディック セーター

p.22

糸 リッチモア スペクトルモデム
チャコールグレー(56)520g　ターコイズブルー(22)75g　ネイビー(45)60g　オフホワイト(1)25g

針 6号、5号玉付2本棒針　8号、5号4本棒針　4/0号かぎ針

ゲージ メリヤス編みの編込み模様A、B　22目25段が10cm四方
メリヤス編み　22目29段が10cm四方

サイズ 胸囲106cm　着丈66cm　ゆき丈80cm

編み方 糸は1本どりで、指定以外はチャコールグレーで編みます。
前後身頃、袖はそれぞれ指に糸をかけて目を作る方法で作り目をし、2目ゴム編みを編みます。続けて1目減目をし、メリヤス編みの編込み模様A、Bとメリヤス編みで編みます。肩をかぶせ引抜きはぎにし、衿ぐりから拾い目をして2目ゴム編みを輪に編み、編終りは前段と同じ記号で伏止めをします。袖の編終りを目と段のはぎで身頃につけ、脇、袖下をすくいとじにして合い印どうしを目と段のはぎにします。

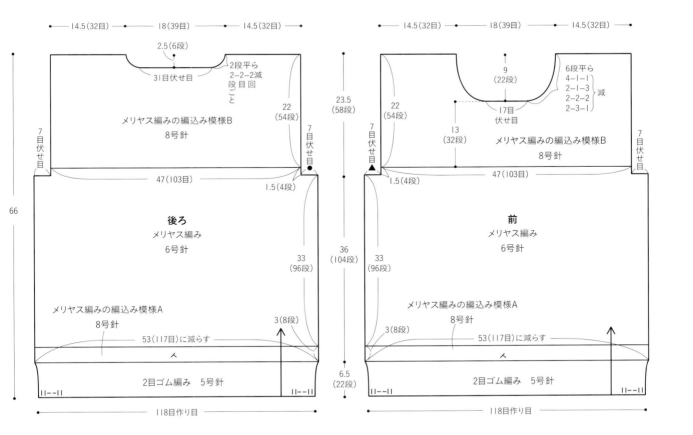

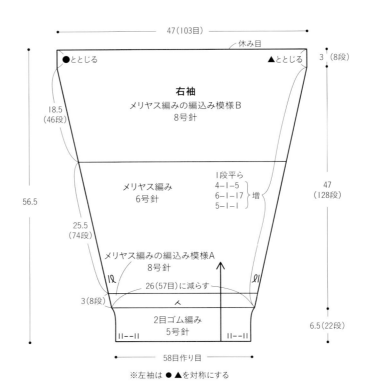

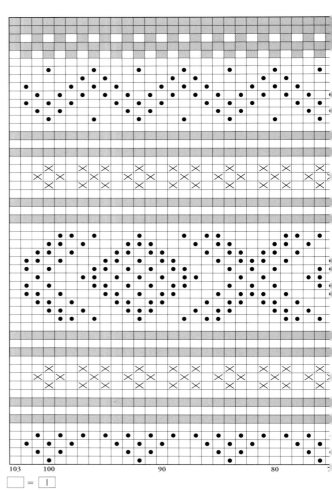

メリヤス編みの編込み模様A図案

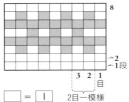

□ = │

2目一模様

配色

□ = チャコールグレー(56)

▨ = ターコイズブルー(22)

配色

□ = チャコールグレー(56)

● = ネイビー(45)

▨ = ターコイズブルー(22)

✕ = オフホワイト(1)

衿ぐり
2目ゴム編み　5号針

前段と同じ記号で伏止め　4/0号かぎ針

4目拾う　3(10段)

62目拾う

目と段のはぎ

合い印どうしを目と段のはぎ

すくいとじ

メリヤス編みの編込み模様B図案

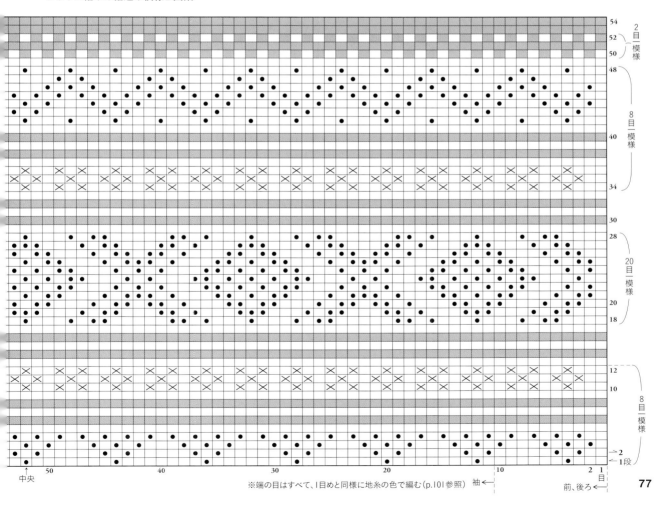

※端の目はすべて、1目めと同様に地糸の色で編む(p.101参照)　袖←｜→前、後ろ

J
フェアアイルショール
p.20/21

糸 リッチモア パーセント
灰ベージュ(124)170g 濃紫(62)50g オリーブグリーン(104)40g ライトベージュ(123)30g アクアブルー(22)、うぐいす色(13)各25g からし色(14)、茶色(88)各20g れんが色(87)15g 薄紫(53)10g

針 5号、3号2本棒針 3/0号かぎ針

ゲージ メリヤス編みの編込み模様 27目28段が10cm四方

サイズ 幅48cm 長さ132.5cm

編み方 糸は1本どりで、指定の配色で編みます。
指に糸をかけて目を作る方法で作り目をし、2目ゴム編みを14段編みます。針を替え、111目に減らしてメリヤス編みの編込み模様を349段編みます。再び針を替え、112目に増して2目ゴム編みを編み、かぎ針を使う方法で伏止めをします。両脇から拾い目をして2目ゴム編みを編み、伏止めをします。

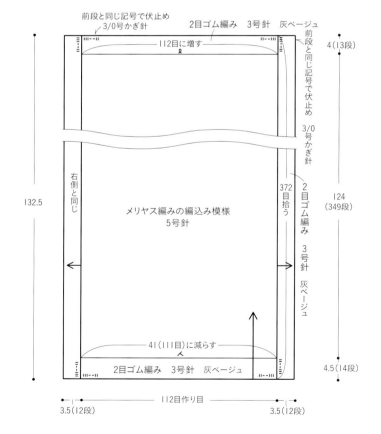

配色
□ = 灰ベージュ(124)
✕ = れんが色(87)
▨ = 濃紫(62)
／ = アクアブルー(22)
∨ = 薄紫(53)
○ = からし色(14)
⊛ = オリーブグリーン(104)
・ = ライトベージュ(123)
▨ = うぐいす色(13)
▼ = 茶色(88)

メリヤス編みの編込み模様図案

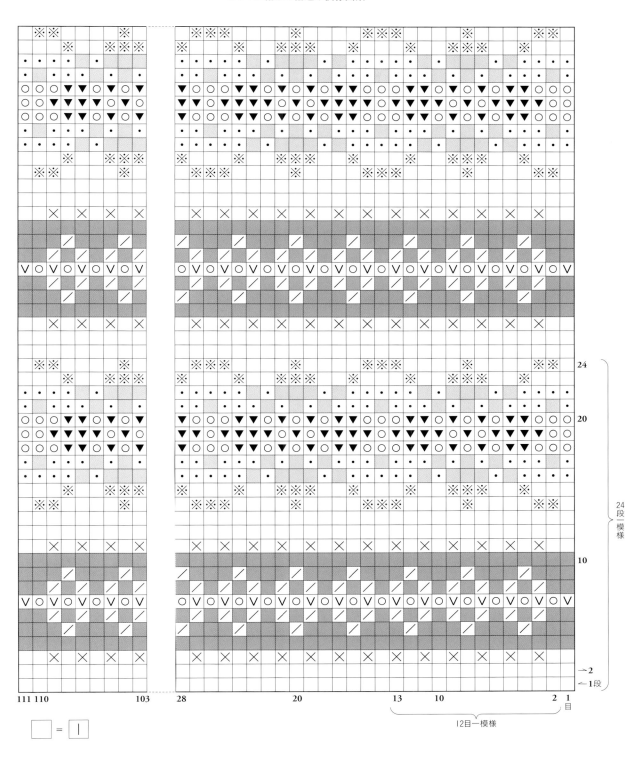

L

ノルディック カシミヤマフラー
p.23

糸　リッチモア カシミヤ
グレー（105）110g　オフホワイト（101）100g
針　4号、3号4本棒針　2/0号かぎ針
ゲージ　メリヤス編みの編込み模様A
　　　　28目34段が10cm四方
　　　　メリヤス編みの編込み模様C
　　　　28目38段が10cm四方
サイズ　幅16cm　長さ158cm
編み方　糸は1本どりで、指定の配色で編みます。指に糸をかけて目を作る方法で92目作り目をして輪にし、2目ゴム編みの編込み模様で24段編みます。続けて90目に減し目をし、メリヤス編みの編込み模様で増減なく編みます。92目に増し目をし、2目ゴム編みの編込み模様で24段編み、編終りはかぎ針を使う方法で伏せ止めをします。

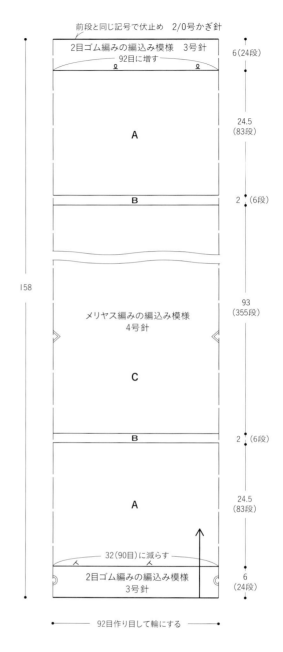

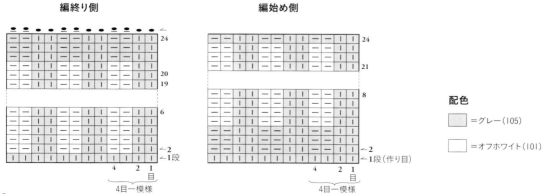

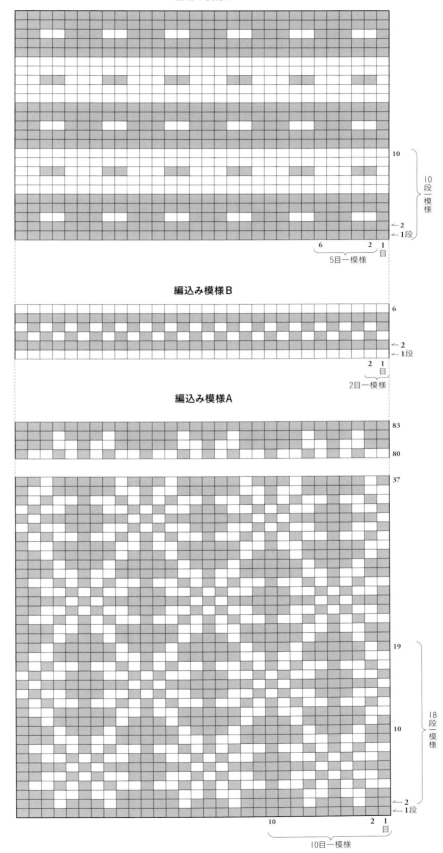

O
ノルディック丸ヨークセーター
p.28

糸　リッチモア カシミヤ
　　ライトグレー (106) 200g　こげ茶 (120) 50g
針　4号、2号玉付2本棒針　4号、2号、1号4本棒針　4号80cm輪針　2/0号かぎ針
ゲージ　メリヤス編み　26目37段が10cm四方
　　　　メリヤス編みの編込み模様A、B　26目32段が10cm四方
サイズ　胸囲94cm　着丈54cm　ゆき丈62cm
編み方　糸は1本どりで、指定以外はライトグレーで編みます。
前後身頃、袖はそれぞれ指に糸をかけて目を作る方法で作り目をし、ガーター編み、メリヤス編みの編込み模様A、メリヤス編みで編みます。ラグラン線をすくいとじにし、ヨークを輪に拾い目をし、メリヤス編みの編込み模様Bで全体を減らしながら編みます。続けて衿ぐりをガーター編みで編み、編終りは裏を見ながら表目で伏止めをします。脇、袖下をすくいとじにし、伏せ目の部分をメリヤスはぎにします。

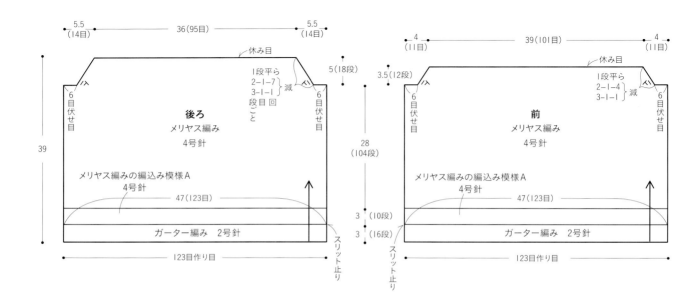

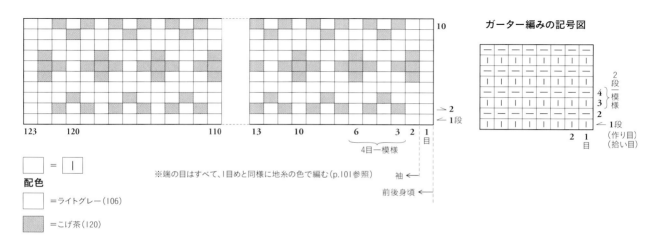

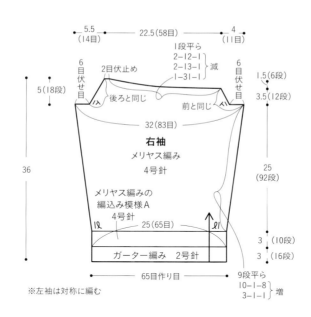
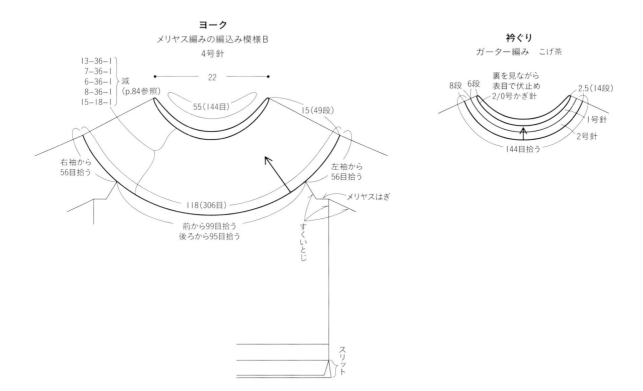

ヨークと衿ぐりの編み方

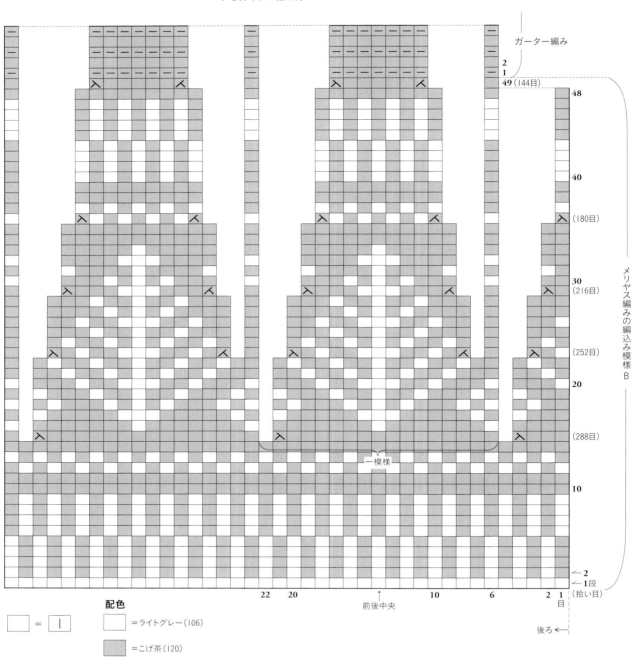

M
バンド柄の
フェアアイルセーター
p.24/25

糸 リッチモア パーセント
ライトベージュ（123）230g ワインレッド（63）27g オレンジ色（86）18g 黄緑（33）、濃紫（62）各16g グリーンベージュ（20）、柿色（118）、セルリアンブルー（42）各12g ダークサーモン（115）、カーキ（12）、アクアブルー（22）、からし色（14）各10g 赤茶（77）8g 水色（40）、ブルー（111）各6g ミント（23）、アイボリー（105）各4g ピンクベージュ（83）3g

針 4号、3号、2号4本棒針　3/0号かぎ針

ゲージ メリヤス編み　25目34段が10cm四方
メリヤス編みの編込み模様　26目29段が10cm四方

サイズ 胸囲97cm　着丈58.5cm　背肩幅35cm　袖丈57cm

編み方 糸は1本どりで、編込み以外はライトベージュで編みます。
前後身頃、袖は指に糸をかけて目を作る方法で作り目をし、ガーター編みを編みます。続けて後ろ身頃はメリヤス編み、前身頃はメリヤス編みの編込み模様、袖はメリヤス編みの編込み模様とメリヤス編みで編みます。肩は編終りの糸でメリヤスはぎにし、衿ぐりから拾い目をしてガーター編みを輪に編み、編終りはかぎ針を使う方法で裏を見ながら表目で伏止めをします。脇、袖下をすくいとじにし、袖を引抜きとじでつけます。

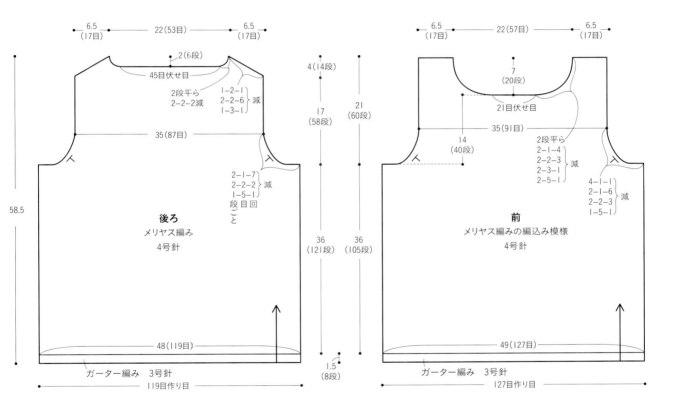

裾と袖口のガーター編みの記号図

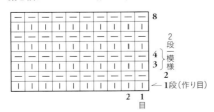

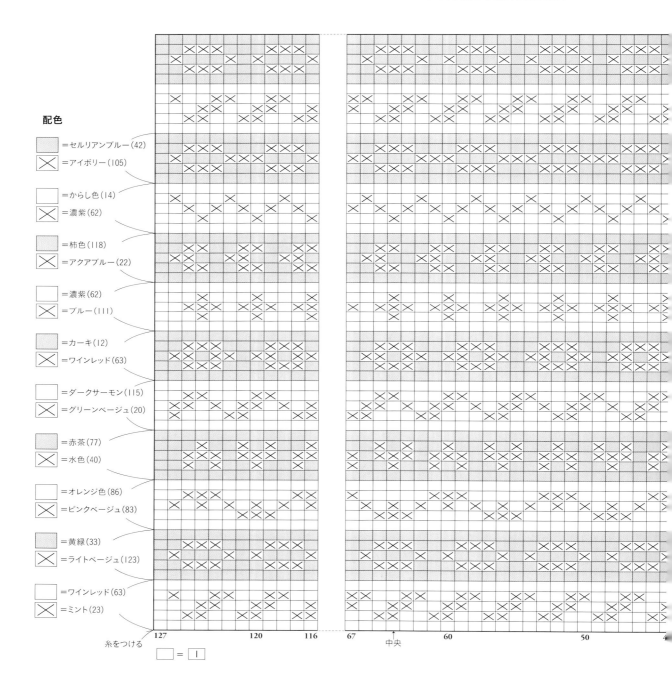

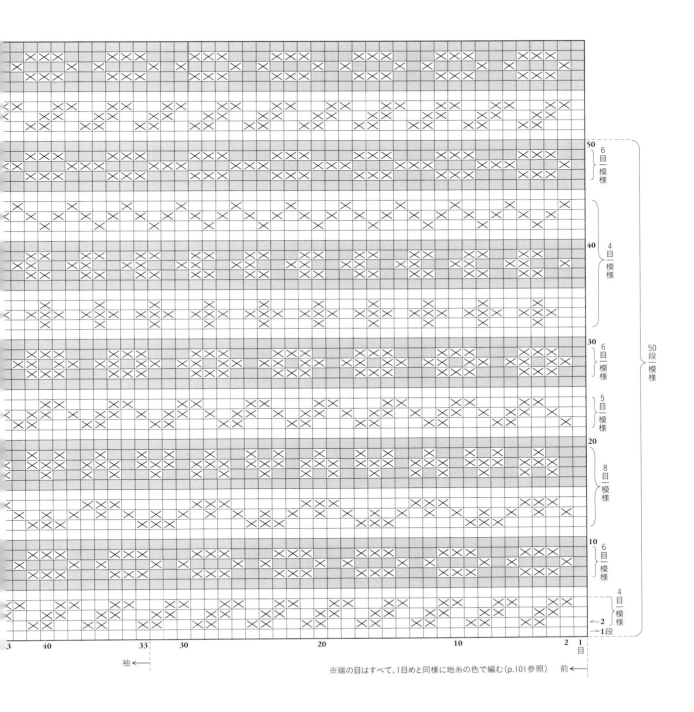

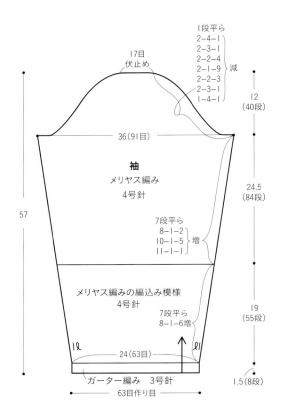

前の袖ぐりと衿ぐりの編込み模様図案

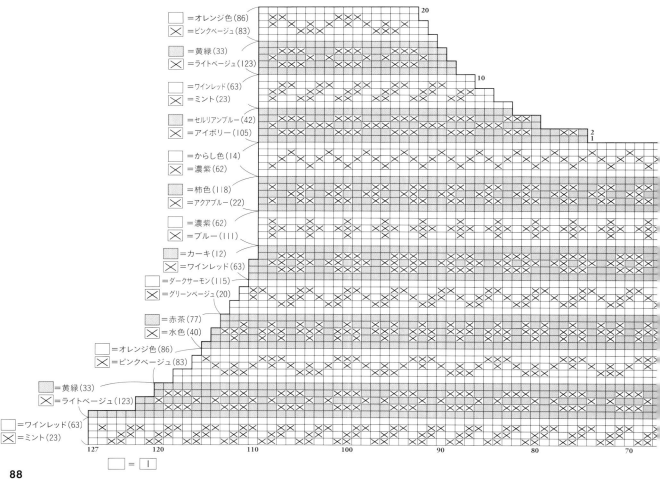

衿ぐり
ガーター編み

衿ぐりのガーター編みの記号図

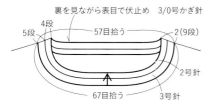
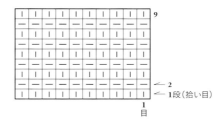
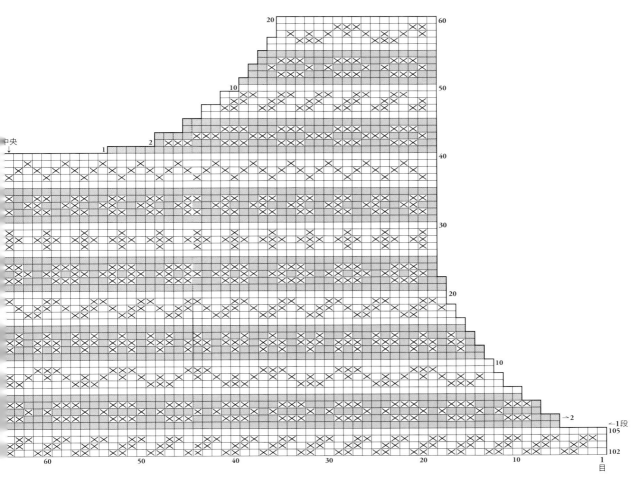

P

**フェアアイルハンド
ウォーマー**
p.29

糸 リッチモア パーセント
ライトベージュ（123）15g チェリーピンク（72）、オレンジ色（86）、ブルー（111）、からし色（14）各10g アップルグリーン（16）、アクアブルー（22）、ピンクベージュ（83）、藤色（68）、サーモンピンク（79）、ショッキングピンク（114）、ミント（23）各5g
針 4号、3号4本棒針　3/0号かぎ針
ゲージ メリヤス編みの編込み模様　27目30段が10cm四方
サイズ 手のひら回り20cm　丈27.5cm
編み方 糸は1本どりで、指定の配色で編みます。
左手を編みます。指に糸をかけて目を作る方法で56目作り目をして輪にし、2目ゴム編みを8段編みます。54目に減目をし、メリヤス編みの編込み模様で編みますが、親指穴には別糸を編み込みます。70段編んだら52目に減目をし、2目ゴム編みを6段編んでかぎ針を使う方法で伏止めをします。親指は別糸を抜いて目を輪に拾い、メリヤス編みで編んで伏止めをします。右手は指定の位置に親指穴を作り、同様に編みます。

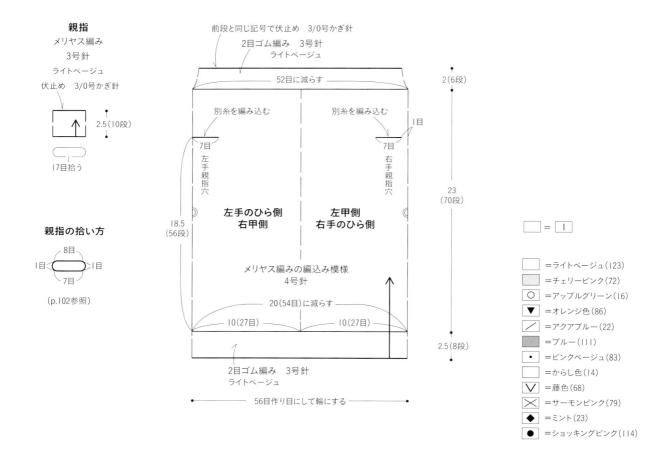

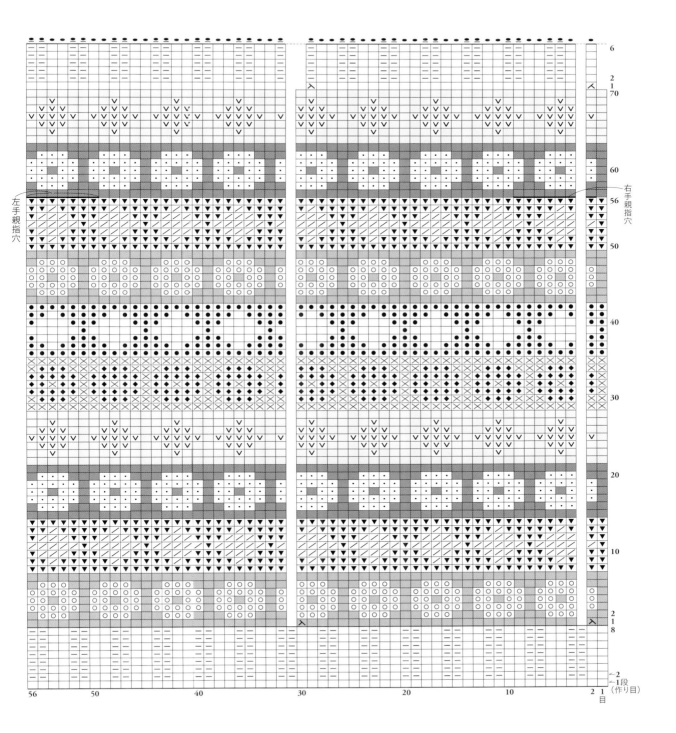

Q

ノルディックカーディガン ジャケット

p.30/31

糸 リッチモア スペクトルモデム
ネイビー（45）475g　グレー（57）75g　ブルーグリーン（14）60g　オフホワイト（1）35g

針 8号、6号玉付2本棒針　5/0号かぎ針

付属品 直径2.2cmのボタン6個

ゲージ メリヤス編み、メリヤス編みの編込み模様A、B　20目25段が10cm四方

サイズ 胸囲102cm　着丈66cm　ゆき丈約73cm

編み方 糸は1本どりで、指定以外はネイビーで編みます。
前後身頃、袖はそれぞれ指に糸をかけて目を作る方法で作り目をし、2目ゴム編みを編みます。1目増し目をし、メリヤス編みの編込み模様A、B、メリヤス編みで編みますが、前身頃はポケットあきに別糸を編み込みます。ポケットあきの別糸をほどいて拾い目をし、ポケット口（編終りはかぎ針を使う方法で伏止め）とポケット裏を編んでとじつけます。ラグラン線、脇、袖下をすくいとじにし、伏せ目の部分はメリヤスはぎにします。衿、前立ては後ろ中央で身頃と同様に作り目をし、右側はボタン穴をあけながら2目ゴム編みで編みます。左側は衿の表になる側を見ながら作り目から拾い目をして対称に編み、目と段のはぎ、すくいとじでつけます。ボタンをつけます。

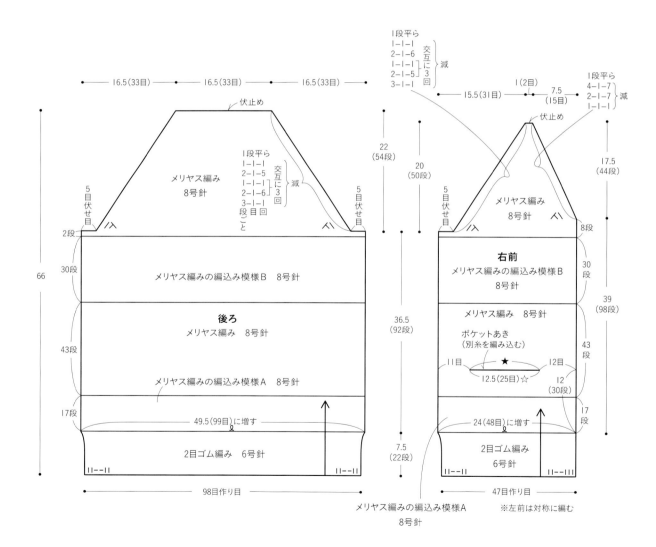

メリヤス編みの編込み模様A図案

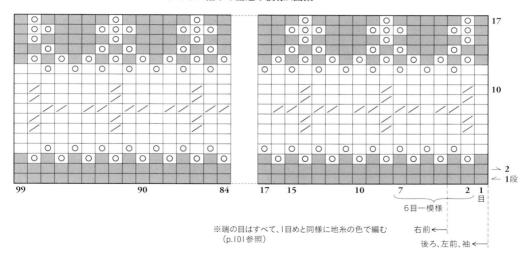

配色

= ネイビー(45)
○ = ブルーグリーン(14)
= グレー(57)
／ = オフホワイト(1)

メリヤス編みの編込み模様B図案

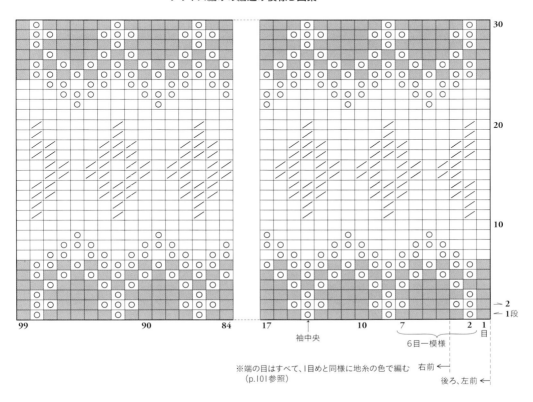

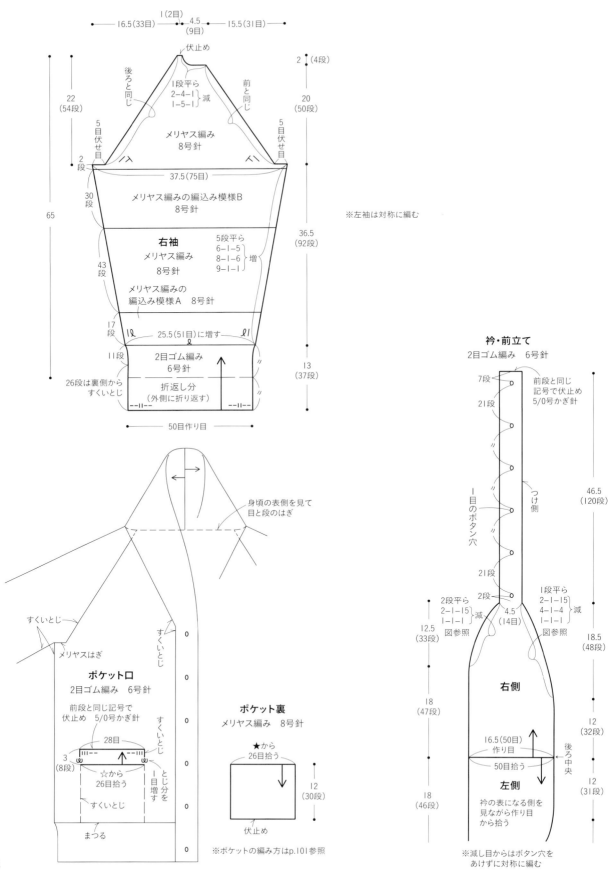

衿・前立てとボタン穴の編み方

※左側はボタン穴を作らずに対称に編む

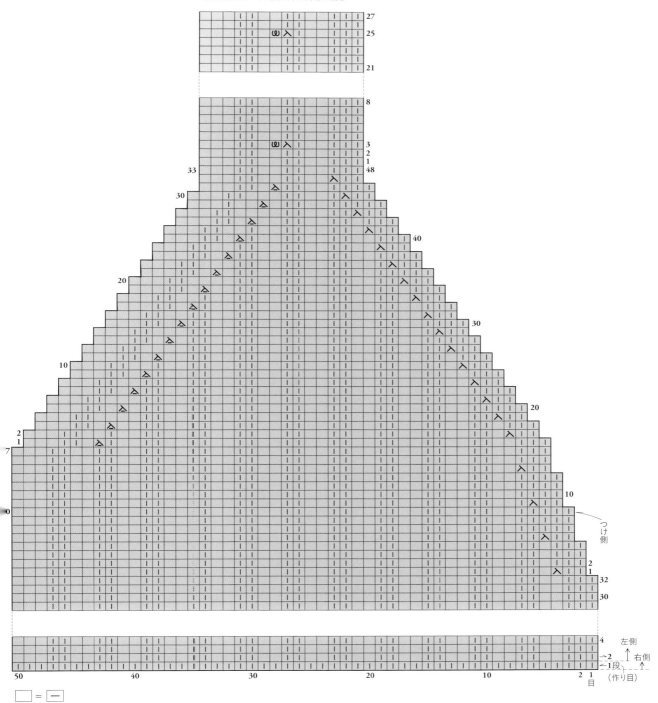

R
ノルディックの帽子
p.32

糸 リッチモア カシミヤ
ネイビー(118) 40g ライトグレー(106) 15g
針 4号、2号4本棒針
ゲージ メリヤス編みの編込み模様 28目30段が10cm四方
サイズ 頭回り51.5cm 深さ24cm
編み方 糸は1本どりで、指定の配色で編みます。
指に糸をかけて目を作る方法で144目作り目をして輪にし、2目ゴム編みを54段編みます。編み地をひっくり返して編み方向を逆にし、表側を見ながらメリヤス編みの編込み模様で33段編み、トップを図のように減らします。残った6目に1目おきに2回糸を通して絞ります。

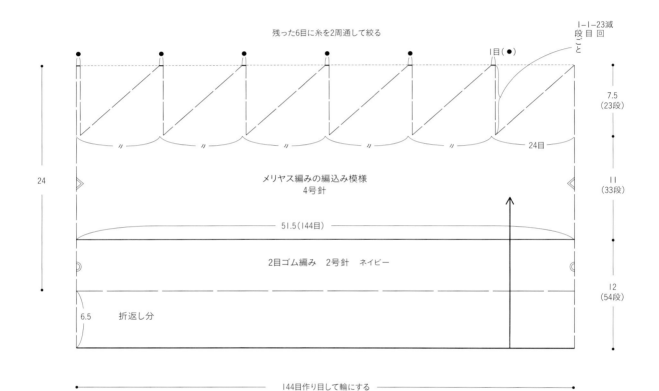

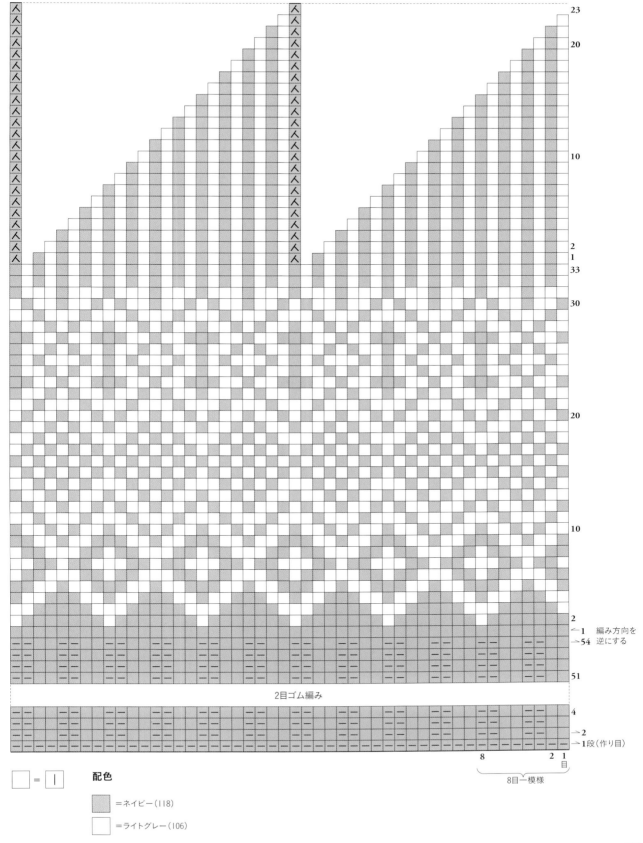

S
メンズフェアアイル手袋
p.33

糸 リッチモア パーセント
こげ茶(89)50g 鉄紺(28)、ワインレッド(63)、ミント(23)、グリーンベージュ(20)各5g
モカ(9)、ゴールド(103)、グレー(93)、クリーム色(3)各少々
針 5号、3号4本棒針
ゲージ メリヤス編みの編込み模様 28目28段が10cm四方
メリヤス編み 28目33段が10cm四方
サイズ 手のひら回り20cm 丈29cm
編み方 糸は1本どりで、指定の配色で編みます。
左手を編みます。指に糸をかけて目を作る方法で56目作り目をして輪にし、2目ゴム編みを30段編みます。続けてメリヤス編みの編込み模様で甲と手のひらを編みますが、親指穴の位置には別糸を編み込んでおきます。指は人さし指から編み始めます。図のようにメリヤス編みで編み、残った目に糸を通して絞ります。中指、くすり指、小指の順に同じ要領で編みます。親指は別糸を抜いて拾い目をし、同様にメリヤス編みで編みます。右手は指穴の位置を変えて同じ要領で編みます。

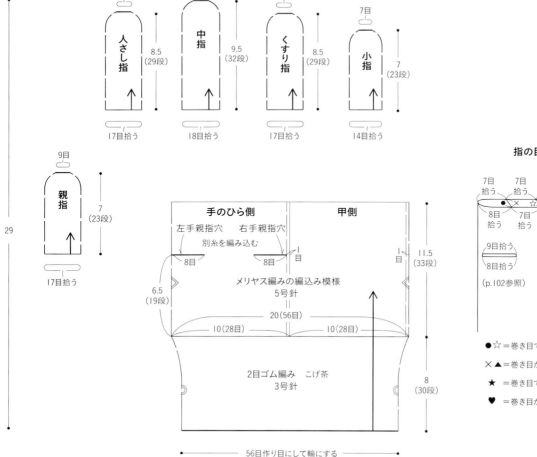

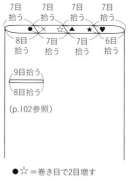

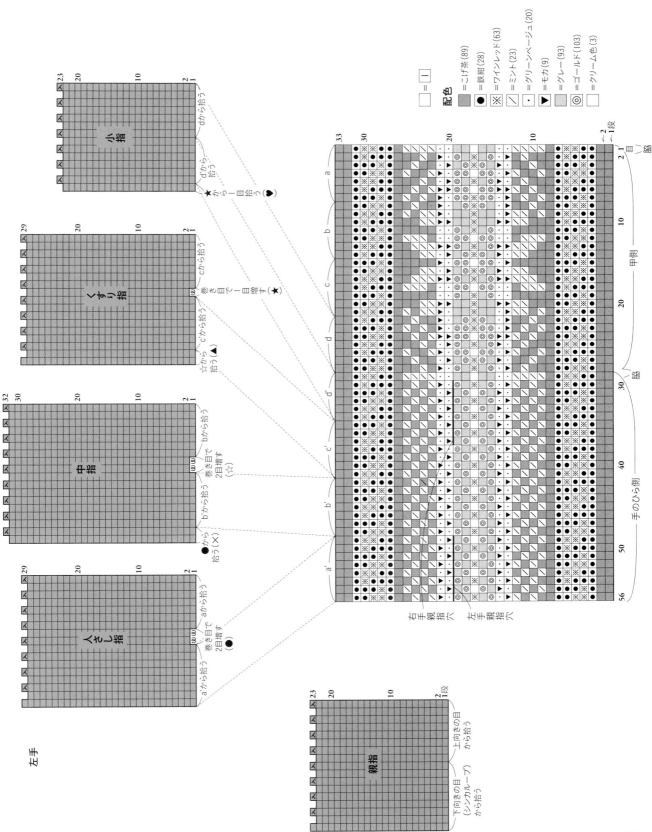

[基礎テクニック]

作り目

◎指に糸をかけて目を作る方法　※作り目は指定の針の号数より1〜2号下げるか、針1本にして、1号太い針を使うときれいです。

1
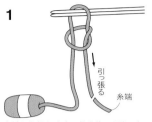
糸端から編む寸法の約3倍の長さのところで輪を作り、棒針をそろえて輪の中に通す

2
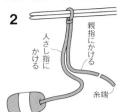
輪を引き締める

3
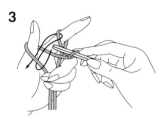
短いほうを左手の親指に、糸玉のほうを人さし指にかけ、右手は輪のところを押さえながら棒針を持つ。人さし指にかかっている糸を図のようにすくう

4
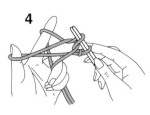
すくい終わったところ

5

親指にかかっている糸をはずし、その下側をかけ直しながら結び目を締める

6

親指と人さし指を最初の形にする。
3〜6を繰り返す

7

必要目数を作る。これを表目1段と数える

8

2本の棒から1本を抜き、糸のある側から2段めを編む

◎作り目を輪にする方法は p.102 **ミトンの編み方** 参照

編み目記号

表目	裏目	ねじり目	ねじり目（裏目）	ねじり増し目
I	ー	Q	Q	Q

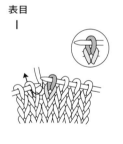

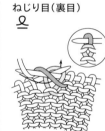

1目めと2目めの間の渡り糸を右の針ですくい、ねじり目で編む

右上2目一度	左上2目一度	右上2目一度（裏目）	左上2目一度（裏目）

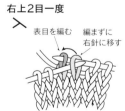
表目を編む／編まずに右針に移す／移した目をかぶせる

表目を2目一度に編む

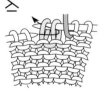
右針に移した2目に針を入れる

裏目を2目一度に編む

中上3目一度　　巻き目　　◎左端で増す方法

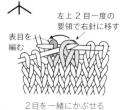
左上2目一度の要領で右針に移す／表目を編む／2目を一緒にかぶせる

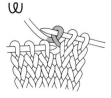

左手に糸をかけ、右の針で矢印のようにすくい、左手の指を抜く

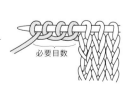
必要目数を作る

編込み模様の編み方

◎裏に糸を渡す方法

1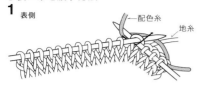

端の目を編むとき、地糸に配色糸をはさみ込む。
配色糸に替えるとき、地糸を下にして休め、配色糸で編む

2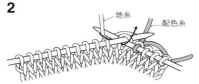

配色糸を上にして休め、地糸で編む

3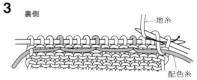

編み地の端まで配色糸を渡し、地糸にはさみ込む

4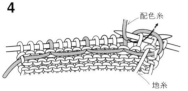

地糸を下にして休め、配色糸で編む

5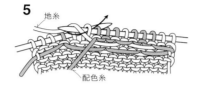

配色糸を上にして休め、地糸で編む

6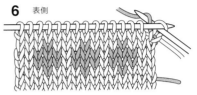

糸をゆるめに渡し、編み地がつれないように注意する

7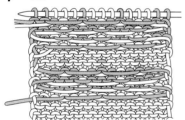

※編込み模様を編むときの両端の目は地糸で編みます。

この本では、1段の配色は地糸と配色糸の2色でデザインしています。
編込みの編始めと編終りの両端は地糸の色で編みます。
下の図のように、左前、袖の編始めの位置を記載していますが、編始めと編終りの両端は右前の1目めと同じ色で編みます。

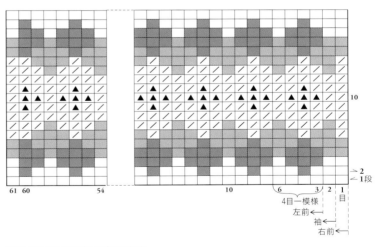

ポケットの編み方

※目数と編み地の模様は作品によって異なります。指定の目数に増減して拾います。

1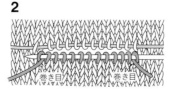

ポケット口の手前で糸を休め、別糸でポケット口の指定の目数を編む。
別糸で編んだ目を左針に移し、休めておいた糸で、別糸で編んだ目を編む

2

別糸をほどき、上を向いている目は針にとり、下を向いている目は別糸を通して休める。
針にとった目の両端でとじ代分を1目ずつ巻き目で増し、ポケット口を編む

ミトンの編み方

◎作り目を輪にする

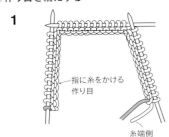

1本の針で必要目数の作り目をする。次に3本の針に分ける

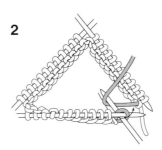

もう1本の針で最初の目を編み、輪に編み進む
＊この時ねじれないように注意する

◎親指穴に別糸を編み込む

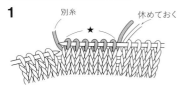

親指穴の手前で編んでいた糸を休め、別糸で指定の目数（★ここでは6目）を編む

別糸で編んだ目を左の針に移し、別糸の上から続きを編む

続けて編み進む

◎親指の目の拾い方、編み方

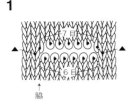

別糸をほどき、上下から親指の目数を針に分けて拾う
※拾い目が足りないときは、左右の▲からも拾う

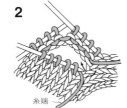

糸をつけて1段めを編む。下の目から編み始める。▲の部分から拾う場合は、矢印のように左針を入れ、ねじりながら1目編む。反対側から1目拾う場合も、同じ要領でねじる

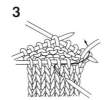

2段めからは輪で増減なく編み、各作品の指定の目数に減し目をする。（図は最終段で全目2目一度）

糸を少し残して切り、残った目に糸を2回通して絞る。1目おきに2重に通すとより締まる

目の止め方

◎棒針を使う方法

● 伏止め（表目）

端の2目を表目で編み、1目めを2目めにかぶせる

表目を編み、かぶせることを繰り返す

最後の目は、引き抜いて糸を締める

― 伏止め（裏目）

端の2目を裏目で編み、1目めを2目めにかぶせる

裏目を編み、かぶせることを繰り返す

最後の目は、引き抜いて糸を締める

◎かぎ針を使う方法

※棒針編みの最後をかぎ針に替えて伏止めをする方法。目が拾いやすく、つれずにきれいに伏せることができます。かぎ針の号数は棒針の号数より1号細い針を用意します。

● 伏止め（表目）

端の目にかぎ針を手前から入れ、糸をかけて引き抜く

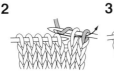

2目めにかぎ針を入れ、糸をかけて2目を一度に引き抜く

2を繰り返し、最後の目は引き抜いて糸を締める

― 伏止め（裏目）

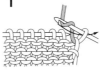

端の目にかぎ針を向う側から入れ、糸をかけて引き抜く

糸を手前において次の目も同じ要領でかぎ針を入れ、糸をかけて2目一度に引き抜く

2を繰り返し、最後の目は引き抜いて糸を締める

はぎ方・とじ方

引抜きはぎ

1
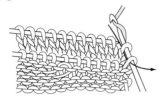
編み地を中表にして持ち、かぎ針で前後の1目ずつをとって引き抜く

2
2目めをかぎ針に移し、1で引き抜いた目と一緒に引き抜く。これを繰り返す

かぶせ引抜きはぎ

1

編み地を中表にして持ち、手前側の目からかぎ針を入れて2目をとり、向う側の目を引き抜く

2
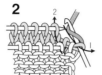
糸をかけて引き抜く

3

2目めも1のように向う側の目を引き出す

4

糸をかけ、3で引き出した目とかぎ針にかかっている目を一緒に引き抜く

5

3、4を繰り返す

メリヤスはぎ（針に目が残っている場合）

1
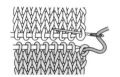
手前側の端の目に裏側から糸を出し、向う側の端の目に針を入れる

2
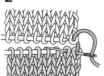
手前側の端の目に戻り、表側から針を入れ、2目めの表側に針を出す

3

向う側の端の目の表側から針を入れ、2目めの表側に針を出す

4

2、3を繰り返す

メリヤスはぎ（両方の目が伏止めしてある場合）

1
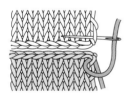
手前側の端の目に糸を出し、向う側の端の目に針を入れる

2
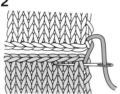
手前側の端の目に戻り、表側から針を入れ、2目めの表側に針を出す

3
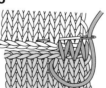
向う側はVの字の目に、手前側は八の字の目をすくう

巻きかがり

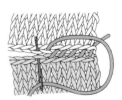
伏止めした目の内側の半目をすくって針を入れる

目と段のはぎ

1
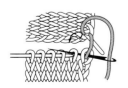
上の段は端の目と2目めの間の渡り糸をすくい、下の目はメリヤスはぎの要領で針を入れる

2
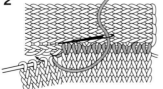
はぎ合わせる目数より段数が多い場合は、ところどころで1目に対して2段すくい、均等にはぐ

引抜きとじ

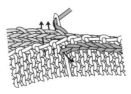
編み地を中表に合わせ、端から1目と2目めの間に針を入れ、糸をかけてから引き抜く

すくいとじ

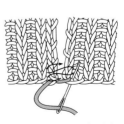
1目めと2目めの間の渡り糸を1段ずつ交互にすくう。糸を引き締める

ブックデザイン　林　瑞穂
撮影　　　　　古川正之　中辻　渉（p.36・37、p.73）
スタイリング　轟木節子
ヘアメイク　　廣瀬瑠美
モデル　　　　小野りりあん　KENJI
トレース　　　大楽里美（day studio）　白くま工房
校閲　　　　　向井雅子
編集　　　　　佐藤周子（リトルバード）
　　　　　　　三角紗綾子（文化出版局）

この本の作品はハマナカ株式会社のリッチモア手あみ糸を使用しています。
糸、材料についてのお問合せは下記へお願いします。

ハマナカ株式会社
京都本社　〒616-8585
京都市右京区花園薮ノ下町2-3
☎075-463-5151（代）
www.hamanaka.co.jp
info@hamanaka.co.jp

FAIR ISLE and NORDIC
フェアアイル & ノルディックニット
風工房

2016年9月18日　第1刷発行

発行者　大沼　淳
発行所　学校法人文化学園 文化出版局
　　　　〒151-8524　東京都渋谷区代々木3-22-1
　　　　tel.03-3299-2487（編集）
　　　　tel.03-3299-2540（営業）
印刷・製本所　株式会社文化カラー印刷
© Kazekobo 2016　Printed in Japan
本書の写真、カット及び内容の無断転載を禁じます。

・本書のコピー、スキャン、デジタル化等の無断複製は著作権法上での例外を除き、禁じられています。
　本書を代行業者等の第三者に依頼してスキャンやデジタル化することは、たとえ個人や家庭内での利用でも著作権法違反になります。
・本書で紹介した作品の全部または一部を商品化、複製頒布、及びコンクールなどの応募作品として出品することは禁じられています。
・撮影状況や印刷により、作品の色は実物と多少異なる場合があります。

文化出版局のホームページ　http://books.bunka.ac.jp/

この本についてのお問合せは下記へお願いします。
リトルバード　☎03-5309-2260
受付時間／13:00～17:00（土日・祝日はお休みです）

【 衣装協力 】
掲載のアイテムは時期によっては、完売もしくは売切れになる場合があります。ご了承いただきますよう、お願いいたします。
※商品情報は2016年9月現在のものです。

ネストローブ（ネストローブ 表参道店）
☎03-6438-0717
（p.18・19ブラウス、パンツ）

ブッテロ（ハイブリッジ インターナショナル）
☎03-3486-8847
（p.15、19シューズ 38,000円　p.25ブーツ 63,000円）

リゼッタ（リゼッタ 二子玉川店）
☎03-3707-9130
（p.4、7、31スカート　p.12・13、p.20・21コート　p.20・21ブラウス　p.23、29ニット　p.24・25ワンピース　p.28パンツ　p.32レディースタートルネックセーター）

verandah
☎03-6450-6572
（p.4・5、10・11シャツ　p.10・11パンツ　p.16・17レースブラウス　p.22カットソー）

【 参考文献 】
『Michael Pearson's Traditional Knitting』Michael Pearson 著
（Dover Publications 刊）

『EVERYDAY KNITTING』Annemor Sundobø 著
（Torridal Tweed 刊）

『スウェーデンの伝統ニット模様集』
Britt-Marie Christoffersson 著（日本ヴォーグ社刊）